BIARRITZ

ENTRE LES PYRÉNÉES ET L'OCÉAN.

AUGUSTIN CHAHO.

BIARRITZ

ENTRE

LES PYRÉNÉES ET L'OCÉAN.

Itinéraire pittoresque.

Première Partie.

BAYONNE,

A. ANDREOSSY, Lib.-Éditeur, rue Pont-Mayou, 12.

Typographie et Lithographie de P. LESPÉS, rue Lormand, 1.

TABLE

des

MATIÈRES CONTENUES DANS CE VOLUME.

CHAPITRES.	PAGES.
I. En Chemin de Fer	1
II. Les Basses-Pyrénées	12
III. Les Béarnais	20
IV. Chapitre important	32
V. Bayonne	34
VI. La Bayonnette	46
VII. Le Cacolet	50
VIII. Navigation aérienne	59
IX. La Cathédrale de Bayonne	64
X. Les Évêques de Bayonne	68
XI. Les Couvents de Bayonne	73
XII. Adrien d'Apremont	75
XIII. Pés de Puïane	80
XIV. Les Basquaises	85
XV. Les Pyrénées	95
XVI. Les Barétous	110
XVII. Le Jugement de Dieu	122

CHAPITRES.	PAGES.
XVIII. Tardets. Santa-Clara	125
XIX. Jusqu'à Mauléon	131
XX. Mauléon — Licharre	138
XXI. Les Agoths	141
XXII. Les Basques-Souletins	147
XXIII. Le Bassa-Jaon	164
XXIV. Les deux Sauvages	169
XXV. Le *Heren-Sugue*	172
XXVI. Le serpent du Valdextre	176
XXVII. Le serpent à trois têtes	179
XXVIII. Le Roi de Navarre	181
XXIX. Le Pont des Langues	190
XXX. La Basse-Navarre	201
XXXI. Hasparren	213
XXXII. L'Évêque de Marseille	223
XXXIII. Le Labourd	228
XXXIV. Les Bains de Mer	242

BAYONNE. Service des voitures publiques, page	295
Hôtels, Fondas espagnoles, Aubergistes	297
Abonnements de lecture	297
Service médical de Bayonne	298
BIARRITZ. Service médical	299
Société de Sauvetage	299
Logements en garni	299
Cafés, Restaurants, Pâtissiers, Tirs au pistolet	302
Promenades à âne, Marchands de costumes	302

Bains, Guides-baigneurs, Baraques...................... 302
Côte du Moulin, Port-Vieux, Côte des Basques....... 302, 303
Promenades en mer................................... 304
Statistique des arrondissements basques............... 306
Bayonne... 306
Mauléon... 309
Relais de poste..................................... 314
Marchés publics..................................... 316

BIARRITZ

ENTRE LES PYRÉNÉES ET L'OCÉAN.

LES LANDES.

CHAPITRE I.

En Chemin de Fer.

Ils ne sont que deux, par grand hasard, babillant pour se désennuyer; le wagon glisse, non sans bruit, avec une vitesse de dix lieues à l'heure, et la conversation de nos deux voyageurs, l'un Parisien, l'autre Gascon, va toujours son train. La parole est tout ce qu'il y a de plus électrique au monde : elle est au Parisien :

— Je le sais, je le sais très-bien, monsieur; Biarritz était digne de prendre le premier rang parmi les Bains de mer les plus renommés de l'Europe: c'est pour cela que nous y allons. Je voudrais avoir un *Guide portatif du voyageur* : il est agréable de ne pas manquer de renseignements sur le pays où l'on doit vivre quelques jours et sur le peuple qui l'habite.

— J'ai beaucoup voyagé, monsieur; je vous déclare qu'une pérégrination faite dans les pays les plus lointains offre à l'œil de l'observateur moins de choses originales et poétiques, qu'un séjour momentané à Biarritz et quelques promenades pittoresques dans les provinces qui entourent ces Bains de mer.

— Je n'aime pas les voyages lointains et poétiques ; je ne suis pas pittoresque du tout, moi, monsieur.

— Ce mot pittoresque vient de l'italien, monsieur; il s'applique à des races d'hommes et à des paysages qui mériteraient d'avoir des peintres. L'artiste jette ses couleurs sur la toile avec le pinceau ; l'écrivain parle à l'esprit, à l'imagination, il fait de la peinture descriptive avec sa plume. A qui saurait peindre comme Claude Lorrain ou raconter comme Walter-Scott, les sujets de tableaux ne manqueraient pas dans le pays que vous allez parcourir.

— Vous êtes peintre de paysages, peut-être ! Seriez-vous homme de lettres ?

— Ni l'un ni l'autre ; je suis voyageur, monsieur : c'est ma spécialité. Je voyage pour la librairie.

— J'ai beaucoup de respect pour la librairie, surtout pour celle qui met en circulation des dictionnaires éminemment utiles. Nous approchons du pays des Basques. J'ai lu dans mon *Dictionnaire universel* que la partie française de ce pays est divisée en trois petites provinces : le Labourd, *Laphurduy* ; la Basse-Navarre, *Surazy*, et la Soule, *Luberna*.

— Trois noms estropiés par le typographe, et dont les deux derniers sont méconnaissables : la copie fournie par l'auteur devait être illisible ; on a lu, par exemple, *Luberna* pour *Zuberua*. C'est à peu près ainsi qu'on a défiguré, depuis deux mille ans, les noms géographiques empruntés à la langue de ce peuple.

— Vous ne nierez pas du moins que le pays lui-même est appelé *Escalerra* par ces montagnards.

— *Eskal, eskual, euskal, uskal*, tant que

vous voudrez, selon le dialecte et la province, monsieur ; mais jamais *erra*: c'est *erria* qu'il fallait mettre dans votre *Dictionnaire*; comme si l'on disait en français, pays de l'idiome euskarien, ou pays des Euskariens.

— Voilà un singulier peuple et une langue non moins étrange ! Vous me paraissez être parfaitement au courant de tout ce qui les concerne.

— Rien d'étonnant à cela, monsieur ; je vais chaque année dans le pays basque.

— Je gage que vous êtes Basque vous-même !

— Gascon, monsieur, pour vous servir, et natif des Landes.

— Oui, les Landes ; je connais cela, pour l'avoir lu : contrée sablonneuse, marécageuse, de Bordeaux à l'embouchure de l'Adour, divisée en grandes landes sauvages, sur la côte, et en petites landes, beaucoup plus fertiles, dans l'intérieur.

— N'oubliez pas le département qui m'a vu naître, s'il vous plaît, monsieur. C'est le plus considérable en territoire, de toute la France, après celui de l'Aveyron.

— Chef-lieu Mont-de-Marsan ; il exporte

des bois et planches, de la résine, de la poix, du goudron, de la térébenthine, de la cire, de l'encens, de l'eau-de-vie, etc., et fait partie de la 11ᵉ division militaire.

— Je vous vois très-bien renseigné, monsieur, et vous n'avez pas besoin de *Guide* littéraire pour voyager.

— J'ai dit tout ce que j'en savais ; je l'ai pris dans mon dictionnaire géographique. Je n'ai qu'un peu de mémoire, monsieur.

— C'est comme moi, monsieur : je vis sur le fonds commun, et je me sers presque toujours de l'esprit d'autrui : je veux dire l'esprit des auteurs que je vends tous les jours et que je lis quelquefois : il en reste toujours quelque chose.

— Vous êtes modeste, monsieur ; soyez sincère. J'espère que vous ne m'engagerez pas à m'arrêter dans le département des Landes pour y faire de ces promenades que vous appelez pittoresques.

— Et pourquoi pas? Les premiers Landais étaient de la race des Euskariens ou Ibères ; les Romains ne les confondaient pas avec les Gaulois. Population grave et silencieuse aujourd'hui, M. de Jouy qui les a vus courir, montés sur leurs longues échasses, ou s'arrêter pour tricoter des toques ou barrettes, appuyés sur la longue perche qui leur sert de canne, les comparait aux Lestrigons de la Fable.

Les Aquitains ou Landais ne furent jamais idolâtres ; ils adoraient le Dieu unique et suprême comme tous les Euskariens. Leurs poètes chantaient le *Leheren*, l'une des premières puissances physiques du globe terrestre; et ce nom, qui signifie en euskarien le premier et le dernier, désigne dans la même langue le Grand Serpent, le grand Dragon ; c'est-à-dire le feu central, auquel les Aquitains attribuaient la mission de dévorer et de consumer le globe à la fin des temps. Les échasses des Landais contemporains ressemblent aux bottes de l'Ogre, qui faisait sept lieues par enjambée; et ces *changas* ou changuées de leur patois latin, conservent encore, après dix-huit siècles, le nom euskarien qu'elles portaient avant la conquête de César: de *chango*, jambe: *chango*, diminutif de *zango*, *zanko*, *zankho*, d'où les Castillans ont tiré le nom de *zanco*, *zancos*, qu'ils donnent aux échasses. Un Landais, écrivain spirituel, a découvert des antiquités romaines dans le patois de notre pays ; il n'aura pas manqué de retrouver une antiquité euskarienne beaucoup plus primitive et non moins respectable, dans les échasses de nos bergers nomades. Voyez-les, gravement debout sur ces échasses, qui ont quelquefois plus de 4 mètres de longueur, s'asseoir à terre, se relever lestement, sans autre appui que leur perche, s'avancer, se courber, pour ramasser avec une adresse incroyable, une violette, une fleur à demi cachée sous l'herbe; puis courir, franchissant des barrières de deux mètres de hauteur, le long d'un espace de six cents mètres de chemin parcouru en cinq minutes! Ces exercices de gymnastique un peu sauvage vous paraîtront merveilleux. Quand vient l'hiver, lorsque la neige a couvert d'un tapis éclatant de blancheur l'immensité des Landes, et que ses reflets lumineux éclairent en-dessous l'éternelle et sombre verdure des pins, sur lesquels la neige s'amoncelle en flocons, dôme éblouissant; encore alors, voyez le pâtre landais errer en Lestrigon sous un ciel gris, sur ses échasses qu'on ne voit plus de loin, au milieu de ces splendeurs hivernales, comme un génie qui s'est élevé de terre et glisse à tous les horizons : foi de Landais! monsieur le Parisien, vous aurez sous les yeux un tableau vraiment pittoresque, digne des plus hardis pinceaux: vous n'en aurez jamais vu de tel dans les dioramas de Paris.

— Vous êtes poète en diable, monsieur; je gage que vous voyagez pour la librairie pittoresque et les éditions illustrées! Foi de

Parisien que je suis ! je vous certifie que j'irais admirer ce tableau de la fantastique nature, s'il ne fallait pas attendre pour le contempler, ce blanc hiver dont vous parlez, qui est quelquefois bien noir. J'aime le coin du feu. Devinez ce qui m'amuserait infiniment, au printemps, bien entendu, quand il n'y a plus de neige et que les fleurs ont reparu.

— Que sais-je?

— Ce serait de voir deux tribus de la grande Lande, des amis, des parents, se rencontrant comme à un rendez-vous, après une longue séparation, en échasses, et se donnant des poignées de main, se précipitant dans les bras les uns des autres pour s'embrasser, à quinze pieds au-dessus du sol. Ce serait de l'amitié en l'air.

— De l'amitié pittoresque.

— Vous m'avez dit, je crois, que les Landes furent conquises par les Romains; ce qui donne de l'antiquité à votre patois.

— Elles furent subjuguées après les Romains par les Francs; reconquises, au sixième et septième siècle, sur les Francs par les Navarrais, Vascons ou Basques, qui étendirent leur domination, de Toulouse à Bordeaux, dans les provinces méridionales. De cette Vasconie, dont le nom est latin, les Euskariens, à leur tour, furent expulsés par les Karolingiens de la seconde race ; et nous tous, peuple et patrie d'Aquitaine, nous gardâmes, après la retraite de nos libérateurs, le nom latin de Vascon et Vasconie, changé en celui de Gascon et Gascogne en patois roman.

— Ce n'est donc pas vous qui avez remporté la victoire de Roncevaux ?

— Moi, non ; ni les Gascons de ce temps-là non plus. Les Navarrais vous en diront des nouvelles, lorsque vous irez de Biarritz au pied des Pyrénées, visiter le Pas de Roland. Simple promenade, monsieur.

— Pittoresque ?

— Il ne se peut davantage.

— Et où finit votre Gascogne, s'il vous plaît ?

— Aux faubourgs de Bayonne, frontière historique de la Vasconie ou Cantabrie euskarienne. L'itinéraire d'Antonin, vers la fin du troisième siècle, donne le nom de *Lapurdum* à cette ville, et dit que le tribun de la Novempopulanie y résidait en ce temps-là. Quelques antiquaires donnent à ce nom une étymologie fausse, à l'aide du basque et du celtique. Le mot *laphurdi*, en euskarien, désigne la ville aux pirates, aux voleurs, comme si l'on eût dit, au tribun de Novempopulanie, aux Romains. La petite province euskarienne de *Laphurdi*, Labourd, reçut alors le même nom, qui désigne un pays infesté de Romains, ces voleurs, les plus redoutables et les plus grands du vieux monde, qu'ils avaient conquis, exception faite du pays des Euskariens, dont les noms géographiques sont un peu maltraités dans votre *Dictionnaire universel*.

— Dame! ce n'est pas ma faute.

Le Parisien met la tête à la portière, et reprend le dialogue.

— Arriverons-nous bientôt?

— Nous pouvons dire adieu aux Landes : en cinq minutes vous serez Bayonnais.

— Ah! tant mieux. Vous n'auriez pas encore une petite étymologie sur ce nom de Bayonne?

— Volontiers, monsieur. La ville de Labourd a porté son nom euskarien jusqu'au milieu du douzième siècle. Les étymologistes font venir le nom moderne de Bayonne, de *baia*, *ona*, baie, port, bon port. Je ne demande pas mieux que d'admettre l'étymologie, pourvu qu'elle redevienne une vérité. Pour moi, monsieur, qui ne suis qu'un voyageur de la librairie, il ne m'appartient pas d'opposer mes idées gasconnes à celles de tant de savants; mais, pensant à la Nive, à l'Adour, à l'admirable fertilité que ce fleuve donne à sa magnifique rive gauche en la préservant de l'invasion des sables, — moi qui sais un peu d'euskarien, foi de Landais! je ferais venir le nom de Bayonne, de *ibai*, fleuve, et de *ona*, qui est bon, bienfaisant. *Nunquam polluta!* Toujours vierge et sans tache! Voilà la noble devise que cette ville, primitivement cantabre, portait, dès le 13me siècle, à l'écusson de ses armes; elle ne permettra pas qu'on l'efface jamais. Arthur Young parle de Bayonne avec une prédilection singulière dans son voyage : il prétend que c'est la plus jolie ville qu'il ait visitée en France; et la plus jolie de beaucoup, *by far!* »

Ceci se disait en juin 1855. L'arrivée à Bayonne suspendit la conversation des deux voyageurs.

CHAPITRE II.

Les Basses-Pyrénées.

Le département des Basses-Pyrénées, capitale Pau (en latin *palum*, pieu ou poteau), offre une superficie de 147 milles géographiques carrés. Borné à l'ouest par le golfe cantabrique ou de Biscaye, appelé golfe de Gascogne en France, — à l'est par les Hautes-Pyrénées; au nord par les Landes et le Gers, — au sud par l'Espagne, où conduisent les routes de Saint-Jean-de-Luz et de Saint-Jean-pied-de-Port, villes basques, — ce département est formé de l'ancien vicomté de Béarn, et des Pays Basques de Soule, Basse-Navarre et Labourd. La Basse-Navarre, sixième mérindé du royaume de Navarre, où Ferdinand-le-Catholique et Isabelle d'Aragon furent proclamés roi et reine, en 1512, avec l'appui des Beaumontais et celui des Basques de Guipuzcoa et de Biscaye ; la Basse-Navarre, formant une circonscription de cent villages et de deux petites villes, dont la principale était Saint-Jean-Pied-de-Port, représenta, depuis Henri IV jusqu'à la Révolution française, le joli royaume espagnol au nom duquel les sucesseurs du Béarnais ont été appelés rois de France et de Navarre par la grâce de Dieu.

Le département des Basses-Pyrénées est arrosé par l'Adour, la Bidouze, la Bidassoa, par plusieurs rivières ou gaves et d'innombrables torrents. Les faiseurs de statistiques disent, et tout le monde sait, qu'il s'y trouve des mines argentifères, de cuivre, plomb, etc.. Exportation de pelleteries, cuirs, draps, bas, bonnets tunisiens et bérets basques, sel en abondance, d'excellents vins, beaucoup de bestiaux, et viandes salées, — sans oublier d'estimables jambons, devenus fameux sous le nom de jambons de Bayonne. Nous ajouterons que les Bas-Pyrénéens pourraient exporter des fromages et leur donner de la célébrité, si nos pâtres, béarnais ou basques, n'avaient la fantaisie de les saler beaucoup plus qu'il ne convient, dit-on. Le département des Basses-Pyrénées est composé de trois arrondissements béarnais, et de deux arrondissements basques, celui de Mauléon et de Bayonne, les seuls dont il importe de parler aux lecteurs, dans cet itinéraire de Biarritz entre l'Océan et les Pyrénées.

Les faiseurs de statistiques, comparant les départements les uns aux autres, et furieusement épris des magnificences de la civilisation française, pour laquelle, à vrai dire, l'art et la science exceptés, nous n'avons pas la même admiration, ont marqué le département des Basses-Pyrénées à l'encre noire; ils le taxent d'incivilisation et d'ignorance.

Les Béarnais sont gens de trop d'esprit pour que nous ayons besoin de prendre leur défense: anciens Aquitains, c'est-à-dire Euskariens, d'abord subjugués par les Romains, ensuite par les Francs, affranchis plus tard par les Navarrais, et dotés par eux d'une sorte d'indépendance et de nationalité, qu'ils ont su défendre, non sans quelque gloire, jusqu'à la Révolution française; les Béarnais peuvent se vanter d'avoir conservé jusqu'à nos jours, comme langue autrefois nationale, un patois ou dialecte roman mélangé d'euskarien, le plus élégant de tout le midi de la France, peut-être, et le plus pur par sa latinité: les philologues, sans avoir besoin du secours de l'histoire, y trouveront la preuve, à leurs yeux convaincante, que le Béarnais n'a jamais mêlé son sang à celui des Visigoths et des Arabes, comme quelques-uns de ses voisins de la plaine.

Quant aux trois provinces basques métamorphosées en arrondissements français depuis un demi-siècle, le lecteur impartial comprendra facilement que, dans un pays de montagnes, peuplé d'agriculteurs et de pâtres, où l'idiome national, les lois, les mœurs et les traditions historiques n'eurent jamais rien de commun, pendant quatorze siècles, avec les langues, les lois et les mœurs féodales de la France, le lecteur comprendra que deux cents petites communes, avec cinq petites villes dont la plus considérable n'a pas 3,000 âmes, n'aient pu s'associer que très-imparfaitement, en quelques jours, aux destinées orageuses d'un grand peuple en révolution.

En vérité, messieurs les faiseurs de statistiques sont trop exigeants : on les supplie de faire attention que la plupart des grandes et des plus célèbres nations de l'Europe, il y a de cela quatre siècles à peine, étaient plongées dans une hideuse et profonde barbarie; elles n'avaient ni sciences, ni littérature, et n'ont guère fait que jargonner, du tudesque au latin, du patois roman à leurs belles langues académiques, pendant quinze cents ans.

Les reines de civilisation qui nous écrasent, nous, pauvres montagnards, de leur immense supériorité, portent des robes neuves qu'on vient de leur tailler; mais les vieilles robes qu'il a fallu brûler, dira-t-on qu'elles étaient sans déchirure et sans souillure, et que ces dames n'en avaient pas usé plusieurs? Les Euskariens sont la nation la plus antique, la seule antique de l'Europe : langue, lois, mœurs, race et nationalité, comparez tout cela, s'il vous plaît, à l'eau d'un fleuve privilégié qui toujours coule en flots limpides, toujours nouveau, toujours le même depuis sa source, qu'il faut placer au berceau de l'humanité. Les anciens Basques ont fait un commerce d'échanges avec les Phéniciens; ils ont combattu, comme auxiliaires de Carthage, sous les drapeaux d'Annibal. Soldats de Pompée à Pharsale, les seuls braves qui ne voulurent point se rendre et qui se firent tuer jusqu'au dernier, étaient les cohortes de Navarre. Les Basques repoussèrent le joug de Rome, avec gloire et fureur. Les Barbares de l'invasion n'ont pas conquis un seul de leurs villages au cinquième siècle : ils conservèrent leur indépendance et furent la terreur des Visigoths espagnols pendant trois cents ans.

L'invasion des Arabes-Maures, conquérants de l'Espagne entière (le Pays Basque excepté, avec quelques vallées des Asturies), l'Islamisme envahisseur trouva les Basques toujours armés, toujours invincibles dans leurs montagnes. Vrais Espagnols, seuls Espagnols, aujourd'hui, de la race antique, les Euskariens ont restauré, reconquis la Péninsule, et lui ont rendu sa nationalité. Chefs et acteurs de la grande croisade contre les Mahométans, à une époque où la Castille n'existait pas même de nom, où, pour la troisième fois, le joug d'un servage séculaire pesait sur ce magnifique pays, les Euskariens ont lutté comme des géants pendant cinq siècles, et renversé les trois dynasties des Califes, jusqu'à Sanche-le-Fort, au treizième siècle. Par là, rien de ce que la civilisation castillane, française, européenne, a pu produire d'éclatant et de durable, n'est étranger aux Basques qui ont de l'instruction. Le paysan lui-même a ses traditions littéraires de l'art antique. N'oublions pas que les ancêtres du montagnard illettré ont assisté à Rome, à la représentation des tragédies latines, sous les Césars; et que, dans tels villages des Pyrénées, ces pâtres jouent encore des *pastorales* ou tragédies composées par des hommes illettrés eux-mêmes, et dont le prologue ou récitatif est déclamé sur le ton de la mélopée grecque. — Les Pyrénées commencent à l'Ebre et se terminent à l'Adour, disaient aux Romains les anciens Basques. Greffés sur leurs rochers, suivant l'expression pittoresque de Florus, les Euskariens croyaient en faire partie intégrante. On peut regarder leur pays comme une place de guerre placée entre l'Espagne et la France : citadelle que la nature fit imprenable, et dans laquelle une garnison héroïque aime mille fois mieux s'ensevelir les armes à la main, que de se rendre. Mais on n'a pas cotoyé sans fruit un torrent de trente siècles; on n'a pas résisté sans gloire à la domination des plus puissantes races de l'Occident; on n'a pas parlé tour-à-tour carthaginois, latin, visigoth, arabe, tout en conservant l'inaltérable pureté de l'idiome national; on n'a pas admiré pendant si longtemps les merveilles matérielles de la civilisation moresque, sans puiser à ce contact quelques grandes traditions, quelques beaux souvenirs.

Les hommes instruits forment une classe à part, la même dans tous les pays de la terre: nous parlons des gens riches qui ne font partie d'aucune corporation: l'aristocratie est la même partout; mais jamais il n'y eut de classe aristocratiquement féodale chez les Euskariens. Ne parlons ici que des Basques de France, de leurs deux cents villages et de leurs cinq petites villes, formant, jusqu'à 89, un petit royaume de Navarre et deux provinces indépendantes. La Révolution de 89 et l'annexion à la France ont anéanti leurs priviléges. Voici quel portrait les auteurs de la *France Pittoresque* faisaient de ces Euskariens, il y a plus de vingt ans :

> « La première chose qui frappe l'observateur en entrant dans le pays basque, c'est la fierté des habitants, qui se montre dans leurs regards, leurs traits et leurs attitudes. Bien différents des paysans des autres pays, ils marchent la tête haute et les épaules effacées ; ils s'inclinent rarement les premiers devant l'étranger qu'ils rencontrent; leur salut a toujours le caractère de l'égalité. Il faut attribuer cet orgueil au sentiment qu'ils ont de l'antiquité de leur race : ils tiennent, par tradition confuse, que leurs ancêtres furent indépendants au milieu des nations esclaves, et se rappellent les droits et les priviléges dont ils jouissaient naguère encore ; enflés de leur noblesse collective, ils regardent avec dédain la noblesse individuelle. »

Rien n'est plus vrai, s'il faut en croire M. Lacour, auteur d'un petit *Voyage pittoresque* dans les Basses-Pyrénées.

CHAPITRE III.

Les Béarnais.

Notre intention n'est pas de conduire le lecteur dans les arrondissements béarnais, avant d'entrer dans le pays basque, le seul dont il convient de parler dans cet itinéraire. Nous ne parlerons du Béarn que comme frontière euskarienne: il doit rester avec les Landes, à l'horizon de notre tableau. Les Landes ont fourni à la France Saint-Vincent de Paul: c'est leur gloire, préférable à toute autre, à notre sens. Le Béarn n'a produit encore que cinq ou six auteurs, moins remarquables, il est vrai, par l'éclat du talent et la beauté du style, que par une solide et consciencieuse érudition. Les Hautes-Pyrénées ont fourni au Béarn l'Anacréon de ses vallées agrestes, Despourrins, que l'on peut mettre au rang des poètes béarnais, puisqu'il écrivit en patois béarnais des chansons charmantes que l'on admire encore, mais auxquelles on préfère celles de X. Navarrot, qui, par un tour de génie plus vif et plus national, a mérité le surnom de Béranger béarnais. Au dix-septième siècle, nous trouvons Jean de Gassion, calviniste fervent, bon capitaine, maréchal de France, un lion de guerre, comme on l'appelait en son temps. Avant Gassion, Henri IV, surnommé le Grand, roi de France et de Navarre, assassiné à Paris par Ravaillac. Il était né à Pau le 13 décembre 1553. — Après Gassion, J. B. Jules Bernadotte, né à Pau le 26 janvier 1764, d'abord clerc de procureur, puis général et ambassadeur de la République française, maréchal de l'Empire, prince de Ponte-Corvo, prince royal de Suède, enfin roi de ce petit pays, sous le nom de Charles-Jean XIV. Gassion représente le Béarnais soldat et calviniste.

Henri IV et Bernadotte ont prouvé, à deux siècles de distance, quelle souplesse l'ambition politique peut donner à la conscience religieuse de ceux qui sont rois ou qui aspirent à le devenir. Paris vaut bien une messe, disait Henri IV; et il abjura le calvinisme pour devenir roi de France. Le sceptre de Charles XII vaut bien un prêche, pensait Bernadotte; et il embrassa le protestantisme pour devenir roi de

Suède. Mais en voilà assez sur les Béarnais illustres. Un mot sur l'agriculture béarnaise.

Un voyageur anglais, agronome célèbre et courant le monde pour apprendre à fond le premier et le plus utile de tous les arts, — de retour en Angleterre, proclamait hautement que les Basques sont les laboureurs les plus infatigables de l'Europe et les plus habiles dans la culture de la terre, soit par leur méthode, soit par les instruments de labourage, eu égard à la nature du sol qu'ils ont su rendre fertile. Châteaubriand, si je ne me trompe, compare les provinces de Biscaye et de Guipuzcoa à un jardin : cette comparaison poétique s'applique parfaitement aux pays basques-français, surtout à l'ancienne province de Soule, et même au Béarn. M. de Jouy, dans l'*Hermite en Province*, ouvrage où les compliments qu'il fait à droite et à gauche ne l'empêchent pas de décocher des vérités assez dures, reconnaît que la culture béarnaise se fait remarquer surtout par une grande attention et par une grande régularité dans tous les détails. « Les plus vastes champs, dit-il, sont
» soignés comme des jardins ou des parterres.
» Les intervalles, les alignements, tout est
» pris au cordeau. Le Basque mesure tout au
» coup-d'œil ; le Béarnais au pied et à la toise.

» Le Basque a d'assez grandes habitations,
» dans lesquelles il veut que lui et les siens,
» parmi lesquels il compte les animaux, soient
» à leur aise; le Béarnais resserre tout dans
» de petites demeures où, à force d'ordre, il
» trouve assez de place pour tout. Le Basque
» a une sorte de confiance nonchalante dans
» lui-même, dans la nature, et dans celui
» dont la nature n'est que l'ouvrière (*Jaon-*
» *goicoa*, le seigneur suprême, Dieu): le Béar-
» nais prévoit, veille et surveille sans cesse;
» l'année prochaine est pour lui comme le
» lendemain. Dans le regard du Basque on lit
» qu'il rêve; dans celui du Béarnais qu'il cal-
» cule. Il est difficile d'être plus spirituel et
» plus courageux que le Béarnais; mais il l'est
» beaucoup par point d'honneur; il l'est,
» parce qu'il ne veut pas qu'on dise et qu'on
» fasse mieux que lui; — tout ce que peut
» être le Basque, il le serait dans un désert
» comme sur le théâtre du monde. Quant à
» son courage, il n'en est pas plus fier que
» de sa barbe.

« Dans les arts de la main, les Basques
» font vite et très-bien; le Béarnais, lente-
» ment et mieux. Quant aux beaux-arts, ils
» en sont trop éloignés les uns et les autres
» pour donner lieu à aucun parallèle : cepen-
» dant deux hommes ont porté très-loin le

» perfectionnement du chant français, Jéliotte
» et Garat; le premier, Béarnais, le second,
» Basque d'origine (né à Bayonne). Mais,
» après le premier, on disait encore en Italie
» que nous ne savions pas chanter; on ne le
» dira plus après le second.

« Le Béarnais est plus aimable; le Basque
» aime bien davantage. Dans les plus petits
» bourgs du Béarn, il y a des salons; il n'y
» en a pas dans les plus grands du Labourd.
» Le Basque ne sait vivre que dans les tem-
» ples, dans les places publiques. »

Nous tenions à citer textuellement les traits de ce parallèle. Il est bon d'avertir le lecteur, que le portrait mis en contraste avec celui des Béarnais d'Henri IV, ne représente que les seuls Basques-Français, c'est-à-dire, que la moindre partie de la nation euskarienne. Il ne faut pas croire que les Basques soient étrangers aux beaux-arts, aux belles-lettres, autant qu'il plaît à M. de Jouy de le dire. Les noms de Quintilien, de Prudence, Roderic-Simon, Navarre, Garibay, Moret, D. Esquivel d'Alava, J.-B. Larrea et Larramendi prouvent jusqu'à un certain point que les Euskariens ne sont pas dépourvus d'intelligence littéraire.

La Navarre française a produit Huarte, l'auteur de l'*Examen des Esprits*, penseur original et souvent profond, écrivain d'un style riche et nerveux. Le Biscayen Iriarte, mort à Séville en 1685, est regardé comme le meilleur paysagiste de son siècle. — Le *Poème de la Musique*, composé par Thomas Iriarte, le Guipuzcoan, est mis au rang des chefs-d'œuvre du Parnasse espagnol : les *Fables littéraires* placent cet auteur, immédiatement au-dessous de La Fontaine, à la tête des meilleurs fabulistes de l'Europe. — Barde et soldat, le Biscayen Alonzo d'Ercilla chanta, dans son *Araucana*, les guerres indiennes auxquelles il avait pris une glorieuse part. Génie puissant, bravoure héroïque, caractère inflexible, vie errante semée d'aventures et de périls, vieillesse illustrée par la noire envie et l'insolente ingratitude des hommes, consacrée par le sceau touchant du malheur, — d'Ercilla eut tout cela de commun avec l'auteur de la *Lusiade* et Cervantes : on le surnomma l'Homère espagnol.

Si l'on veut bien réfléchir que le castillan et le français ne sont pas la langue maternelle des Euskariens, que ce petit peuple n'a jamais eu plus d'un million d'âmes de population depuis trois mille ans, et que, martyr de son indépendance, il fut presque constamment en guerre avec les nations voisines; le lecteur conviendra qu'on serait mal venu à lui contester un certain talent poétique et littéraire;

et l'on serait même fort embarrassé de citer un autre peuple qui puisse, à conditions égales, entrer en parallèle avec lui.

La plus brillante époque de la littérature en Béarn fut sous le règne d'Henri d'Albret et de Marguerite, cette spirituelle et charmante reine de Navarre qui disait mélancoliquement, au sein des grandeurs et des plaisirs, avoir porté en ce monde « plus que son faix de l'ennui commun à toute créature bien née. » La Sorbonne avait accusé Marguerite d'hérésie : la vérité est que la reine de Navarre n'était ni très-catholique, ni protestante au fond : femme de cœur, de sens et de grand esprit, aussi célèbre par son talent poétique et littéraire que par son extrême beauté, Marguerite puisait dans la bonté parfaite, l'aménité de son caractère et de ses mœurs, un scepticisme tolérant et protecteur qui met cette princesse bien au-dessus de la barbarie du siècle où elle vivait. Elle donna asile, dans ses petits États de Navarre, à Clément Marot, qu'elle aima, dit-on, et à Berquin et Étienne Dolet brûlés plus tard comme hérétiques. Elle estimait les savants, les orateurs, les poètes, qui l'appelaient la dixième des Muses et la quatrième des Grâces. Cet esprit de tolérance, si peu ordinaire dans ce temps de fanatisme, souleva contre elle, fille, sœur et femme des rois, la Sorbonne et l'Université.

Poeydavant, dans son Histoire des troubles religieux survenus en Béarn dans le seizième siècle, dit qu'il régnait, à la cour voluptueuse de Navarre, « un ton irréligieux, avant-coureur de cette philosophie qui commençait à dégager l'esprit des entraves de la soumission à des vérités qu'il est difficile de croire, et plus encore de pratiquer; un caractère de mollesse grand ami des passions du cœur; un goût pour la plaisanterie, appliquée aux objets même les plus sérieux: une licence peu chrétienne dans le maintien et les propos, à laquelle les grâces de la reine ajoutaient de nouveaux charmes. » Il faut tout dire : Ferdinand-le-Catholique et Isabelle-la-Grande ayant partagé la Navarre en Navarre espagnole et française, c'est-à-dire, ayant conquis sur la maison de Foix et d'Albret les trois quarts de ce royaume, Marguerite et Henri d'Albret, prince austère, ne voyaient pas de trop mauvais œil les protestants, alors en guerre ouverte contre le Pape et la catholique Espagne. A l'esprit de tolérance philosophique ou religieuse, se joignait chez eux beaucoup de mauvaise humeur contre la faction espagnole et les Beaumontais, qui avaient dépouillé leur maison d'une partie de ses États. C'est ainsi que Marguerite protégea Monlucq, et que Volemar, Lefèvre et le jeune Calvin, qui n'était pas encore chef de secte, furent parfaitement accueillis en Béarn. Ajoutons à ces noms celui de Roussel, un Picard, religieux dominicain, et professeur célèbre de l'Université de Paris. Il traduisit en français, pour Marguerite, le Nouveau Testament : traduction infidèle, à ce que disent les écrivains catholiques. Marguerite, qui prit plaisir à draper les moines dans ses *Contes,* s'était attiré leur haine. Elle n'avait parlé ni des Saints ni du Purgatoire, dans son poème intitulé : *Le Miroir de l'âme pécheresse*; elle avait été accusée de ne pas croire à ces deux dogmes du catholicisme, et il n'avait fallu rien moins que l'autorité de François 1er, pour la faire acquitter en Sorbonne.

Poeydavant semble croire que Henri et Marguerite s'écartèrent des règles, en élevant Roussel au siége d'Oloron. Il n'avait pas arboré la bannière du Protestantisme; mais, tout en s'étudiant à paraître bon catholique, tout en condamnant la doctrine de Luther, de Zuingle et de Calvin, il combattait (c'est Poeydavant qui parle) l'invocation des Saints, le culte des images, l'autorité du Pape : il célébrait une messe à sept points, et voulait toujours qu'une partie du peuple reçût la communion sous les deux espèces : «Il joignait à des mœurs austè-
» res, une application infatigable au travail.
» Sa vie était non-seulement irréprochable à
» l'extérieur, mais encore exemplaire. Il prê-

« chait très-souvent (et avec beaucoup d'é-
» loquence); il assistait à toutes les heures
» canoniales. Il faisait de grandes aumônes.
» Plus modéré que Calvin, mais en cela plus
» dangereux, il disait qu'il fallait nettoyer la
» maison de Dieu, non point la détruire. »

Le premier missionnaire que l'évêque d'Oloron envoya dans le pays basque, à Mauléon, en Soule, était un religieux augustin. Le Souletin Sponde (le continuateur des annales de Baronius), évêque et même cardinal, si nous avons bonne mémoire, raconte que le nouveau missionnaire, pour son début, osa sonder la question des Indulgences, cette plaie du catholicisme, qui fut l'une des principales causes du succès des Réformés. Là dessus, dit Poeydavant, « Pierre Maytie, qui était un des notables de la ville, catholique zélé qui jouissait de la considération publique, se lève, fait signe de la main, et élevant la voix au milieu de l'auditoire, en face du prédicateur, il lui impose silence... Le prédicateur veut continuer, mais Maytie l'interrompant avec plus de force, lui ordonne de descendre de la chaire, et le menace s'il n'obéit. » Le moine qui ne se souciait pas de jouer le rôle de martyr, et qui ne voulait point de bataille dans l'église, n'eut garde de résister. L'évêque d'Oloron se rend à Mauléon, quelques jours après, monte en chaire, et s'élève avec beaucoup de force

contre l'invocation des Saints. Il fait cette objection, qu'un saint n'étant pas présent en tous lieux et n'ayant pas le don d'ubiquité comme Dieu, ne saurait prêter l'oreille à dix mille invocations que dix mille catholiques peuvent lui adresser de dix mille endroits de la terre, à deux mille lieues de distance les uns des autres, et à nous ne savons combien de millions de lieues du Paradis. « Maytie était présent à
» ce discours, qu'il écoutait en frémissant. Il
» était vêtu d'un manteau, sous lequel il ca-
» chait une hache qu'il avait apportée. Animé
» d'un zèle intrépide, il traverse la nef, s'ap-
» proche de la chaire, la frappe à coups re-
» doublés, la fait tomber en pièces, et renverse
» le prédicant qui est blessé par sa chute, et
» tombe à demi-mort. »

Cette réponse à l'objection épiscopale était on ne peut plus vigoureuse; le temps était passé, où les Évèques de France argumentaient la hache à la main. Les compilateurs et les faiseurs d'encyclopédies ont écrit que le catholique fougueux fut expulsé de l'église par le peuple, qui prit hautement parti pour le prédicateur. Poeydavant se contente de dire que Maytie, assigné pour ces coups de hache au parlement de Bordeaux, fut renvoyé absous, après un mûr examen de l'affaire. Roussel, allant prendre des bains pour rétablir ses forces, mourut en chemin. Le zèle de Maytie ne resta pas sans récompense : trois membres de sa famille occupèrent successivement le siége épiscopal d'Oloron: nous ne dirons pas, avec les encyclopédistes-compilateurs, qu'il fut lui-même le premier de ces évêques, par la vertu d'une hache métamorphosée en crosse, et que les canonicats de Ste Marie-d'Oloron furent répartis entre plusieurs de ses parents. Marguerite de Navarre mourut la même année, à cinquante-sept ans.

Ce détail historique nous a fait faire une enjambée, et, dès le premier pas, nous sommes entrés, d'Oloron en Bearn, à Mauléon, petite ville capitale de l'ancienne province de Soule. Il n'est pas encore temps de parler des Basques-Souletins et de leur vallée, la plus jolie, la mieux cultivée sans contredit et la plus pittoresque des Pyrénées. Et sur ce, Béarn, pays d'Henri IV, et vous, belle et charmante reine de Navarre, souvent calomniée; vous, protectrice généreuse d'Etienne Dolet et de Clément Marot ! Marguerite des marguerites, perle des perles, fleur des fleurs; ainsi vous appelaient les grands poètes et les grands princes de ce temps-là; il ne reste plus rien à dire sur votre compte : l'Itinéraire vous fait ses adieux.

CHAPITRE IV.

Chapitre important.

Le lecteur aura la bonté de chercher à la fin du volume la partie matérielle de son itinéraire. Tout voyageur doit avoir dans sa poche un petit almanach d'adresses et de renseignements indispensables, car l'homme ne vit pas seulement d'idées et de sentiments poétiques : d'affreux matérialistes osent dire, avec une certaine apparence de raison, que toutes les sublimités de l'intelligence sont viande creuse, même pour le plus grand homme, après qu'il a jeûné pendant deux jours. La table où l'on mange avec appétit, le lit où l'on dormira avec délices ne sont point choses à dédaigner.

Il est des gens primitifs qui sont bien partout, et qui se contentent de très-peu, par goût, par esprit de philosophie ou par économie : ils sont heureux. Il n'en est pas de même de celui que les jouissances multipliées du

CHAPITRE IMPORTANT.

luxe ont amolli. Les merveilleux progrès des arts et les magnificences de la civilisation lui ont créé des besoins infinis; il a une multitude incroyable de désirs, et souvent, plus d'argent qu'il n'en faut pour les satisfaire. Il est condamné à n'avoir que d'excellents gîtes, à ne rien acheter que dans les magasins en renom, à ne faire de commandes qu'aux artistes les plus habiles, l'infortuné qu'il est! Il faudra donc avoir égard à l'embarras où il se trouve en arrivant quelque part, n'importe où, dans une ville, un village, ou une solitude des Pyrénées.

La saison des *Bains de Mer* est assez courte; l'univers que l'on peut parcourir pendant quelques semaines de séjour à Biarritz, n'est formé que de deux arrondissements basques. Le lecteur ne sera donc pas étonné, si les indications qu'il trouvera à la fin du volume sont renfermées dans un cercle proportionnel : cet appendice ne saurait ressembler à l'*Almanach* d'un million 500 mille adresses de la France et de Paris.

CHAPITRE V.

Bayonne.

Bayonne est la plus jolie ville que j'aie trouvé en France, mais la plus jolie de beaucoup, dit le voyageur anglais, ou plutôt, disent la plupart des voyageurs qui ont parcouru toute la France, Anglais, ou non. « Bayonne est une charmante ville, s'écrie l'auteur du *Journal d'un voyageur* (*); elle est fortifiée, mais gaie et bien bâtie. L'Adour la traverse. C'est le Lignon de l'*Astrée* de Durfé ; c'est le Gardon des romans de Florian. Les Bayonnaises sont belles. » Bayonne est situé de la manière la plus pittoresque, dit M. de Jouy : l'air y est pur, les vins exquis et les femmes charmantes ; les environs en sont délicieux. Le patriotisme est une des vertus qui distinguent les Bayonnais ; lorsque, sous Édouard II, leur ville fut con-

(*) F. Barthe.

quise par les Anglais, ils la reprirent sur l'ennemi, et obtinrent entre autres priviléges, le droit de se garder eux-mêmes, et de prendre pour devise des armes que la ville a conservées, *nunquam polluta*. Les Bayonnais ont l'esprit militaire; la garde nationale (c'est M. de Jouy qui parle) a la tenue d'un vieux régiment de ligne, et ne manœuvre pas moins bien. Les marins de Bayonne sont excellents; plusieurs officiers nés dans dans cette ville, ont illustré notre marine; les capitaines de vaisseau Dubourdieu et Roquebert sont morts glorieusement en combattant des forces supérieures; le capitaine Bergeret s'est illustré par de grands talents et par plusieurs combats célèbres. »

A côté de ces noms qui font honneur à la marine bayonnaise, plaçons celui du capitaine Tournés, à qui l'épée des braves fut décernée sous Louis XV, et le nom du capitaine Larrue, commandant la frégate la *Galère*. A cette époque, le trop fameux Bromelger était la terreur des négociants français et désolait cruellement les côtes de la France. Ce fut Larrue qui amarina glorieusement le vaisseau de guerre anglais le *Vautour*, commandé par Bromelger. Le *Vautour* conduisait à Londres deux vaisseaux français dont il s'était emparé. Les matelots de la *Galère*, tous Basques et Bayonnais, sautent à l'abordage, Bromelger rend enfin son épée à Larruc, et le prisonnier rend hommage à l'intrépidité de ses vainqueurs. Le combat avait été sanglant, opiniâtre.

M. de Jouy dit que les arts sont peu cultivés à Bayonne, autant qu'il a pu en juger au premier coup-d'œil, et que l'éducation n'y vient que faiblement au secours des plus heureuses dispositions naturelles. Sur ce dernier point, l'auteur a raison : Bayonne n'a pas même un petit collége! Cependant les Bayonnais aiment les arts, et l'on peut dire qu'ils y excellent, quand il leur plaît de les cultiver. Le crayon de Julien et le violon d'Allard légueront à l'avenir artistique les œuvres d'un admirable dessinateur et le nom d'un virtuose justement célèbre.

Bayonne a produit aussi un écrivain remarquable, Dominique-Joseph Garat, que sa parfaite bonhomie et la faiblesse de son caractère exposaient à une certaine versatilité politique qu'on lui a trop amèrement reprochée dans les biographies contemporaines. Prenons des hommes et des auteurs ce qu'il y a en eux de grand et de beau; et lorsque, à une vie irréprochable, à un désintéressement réel, à un amour sincère de la vérité, ils joignent le dévouement au bonheur des hommes, rehaussé par un incontestable talent dans l'art de penser et celui d'écrire, n'allons pas exiger d'eux, impérieusement, avec aigreur, d'autres belles qualités que la nature et Dieu leur refusèrent. L'équitable avenir les jugera avec une froide impartialité; elle effacera de leurs portraits les traits haineux inspirés par l'esprit dénigrant des contemporains. Nous disons ceci pour madame Roland, qui appelait Garat un *cunuque* politique : style beaucoup moins chaste que vindicatif. Chez les écrivains d'un caractère faible, et que leur mobilité naturelle et l'ardeur de l'imagination, l'enthousiasme, entraînent, égarent souvent, la versatilité politique, à notre sens, n'est qu'une sorte de péché originel; mais il est des principes sacrés devant lesquels cette versatilité doit avoir un frein : le reproche fondé que l'on adresse à Garat, et pour lequel on ne saurait employer des termes trop sévères, c'est d'avoir fait en dernier lieu l'éloge des envahisseurs et des ennemis de la France. Il n'y a pas de sophisme au monde qui puisse faire oublier un pareil écart.

Garat le jeune, ainsi appelé pour le distinguer de son frère aîné qui était né à Ustaritz, petite ville de la petite province de Labourd, naquit lui-même à Bayonne en 1749. Nous ne faisons pas son histoire en biographe; nous ne le suivrons pas, du berceau jusqu'à Paris, où les entretiens avec Buffon, Suart, d'Alembert, Diderot, Condillac, Helvétius, J. J. Rousseau,

plongèrent Garat tout entier dans la philosophie du dix-huitième siècle, suivant l'expression de M. Tissot. Il ne manqua à Garat que d'avoir connu Voltaire, cette puissante incarnation de l'esprit français : peut-être que le contact et la fréquentation du grand homme lui auraient donné l'énergie et la fermeté qui lui manquèrent quelquefois. Conventionnel, Garat remplace Danton au ministère de la justice. Lors du procès de Louis XVI, il est désigné pour aller notifier au monarque le jugement de la Convention. C'est encore lui qui fut chargé d'annoncer à Louis XVI l'heure des préparatifs solennels; paroles pénibles à dire, et qui avaient ce sens terrible : Roi, il faut mourir! Garat n'eut jamais aucune importance comme homme politique : penseur quelquefois profond, écrivain d'une imagination brillante, et dont le style se distingue souvent par l'originalité, une belle place lui est acquise, parmi les philosophes et les hommes de lettres de ce temps-là. Au mois de février de 1809, Garat, en qualité de président de l'Institut, félicita et complimenta Napoléon sur son retour d'Espagne, et sur l'abolition de l'Inquisition : « Depuis plus de deux mille ans, disait-
» il, l'histoire répète avec amour le nom de
» ce Gélon, qui, vainqueur des Carthaginois,
» leur imposa, pour condition de paix, l'abo-
» lition des sacrifices humains. Abolir l'Inqui-

» sition a été un plus grand bienfait encore;
» car les statues embrasées de Carthage ne
» dévoraient que quelques victimes innocen-
» tes, et les bûchers de l'Inquisition étouffaient
» encore la pensée et la raison. »

Au treizième siècle, les moines trouvèrent un habile et éloquent défenseur dans un Bayonnais, religieux de l'ordre de saint François, provincial d'Aquitaine, surnommé le Bigle de Bayonne. Guillaume de Saint-Amour avait attaqué les moines, de vive voix et par écrit. saint Thomas et saint Bonaventure avaient essayé de le réfuter. Le pape Alexandre IV évoqua cette cause à soi et fit citer toutes les parties à Agnamia où il était. Le Bigle part de Bayonne, franchit les Alpes; il brûlait de rompre une lance théologique contre Saint-Amour, ce maudit Antimoine : ainsi l'appelait Compaigne, dans sa chronique de Bayonne, il y a deux cents ans. La dispute s'engage, elle s'échauffe; Saint-Amour, homme de grand talent, perdait du terrain, malgré la bonté de sa cause; le pape souriait, les cardinaux triomphaient, les moines étaient aux anges. L'adversaire du monachisme avait rencontré son maître; il fut battu, et n'eut plus qu'un seul argument d'admiration et de désespoir à opposer au Franciscain : « Tu es certainement
» quelque ange du ciel, ou quelque diable de
» l'Enfer, ou le Bigle de Bayonne!... — Ni

» ange, ni diable : je suis le Bigle de Bayonne »
répondit Bélac.

L'auteur de cet Itinéraire évitera de faire
le portrait des Bayonnais : il les aime trop,
pour n'être pas taxé d'un peu d'engouement
dans les éloges qu'il ne manquerait pas de
donner aux habitants de cette charmante ville.
Il faut laisser parler les voyageurs, sans oublier
de Thore, et en remontant jusqu'à Oihenart.
Accordons d'abord aux Bayonnais les plus
nobles sentiments d'humanité et de bienveillance pour le malheur. Énergie et dévouement ; voilà ce que l'on rencontre en eux.
La longue histoire de leur ville est toute là,
pour dire jusqu'à quel point leurs ancêtres
furent fidèles et braves, envers et contre tous.

Messieurs les Israélites de Bayonne, affranchis par la Révolution française, d'un ilotisme humiliant et séculaire, sont beaucoup
moins Hébreux là que partout ailleurs. Ils
ont l'ambition de descendre en droite ligne du
grand Abraham, sang patriarcal et très-vénérable, mais furieusement mêlé à celui des
nobles dames portugaises. Volontiers noblesse
déroge, quand la bourse est à sec et le pigeonnier dégarni. Il n'est pas très-rare de voir
les Israélites bayonnais l'épée ou le pistolet
à la main, même entre eux, quand on les met
de mauvaise humeur : l'air bayonnais donne

tout naturellement cette ardeur belliqueuse. Ainsi, dit J. J. Rousseau, l'homme le plus pacifique, voire un poltron, devenait brave en entrant dans le régiment de Navarre. Il n'y a guère longtemps que les Israélites, relégués à Saint-Esprit, n'avaient pas le droit de rentrer à Bayonne après le coucher du soleil, sous peine d'être reconduits à leur faubourg, haut le bâton; et maintenant, on a écrit que les Juifs sont les rois de l'Occident. Ainsi va le monde.

Autrefois, on trouvait que les Bayonnais ressemblaient aux Espagnols par les usages extérieurs de la religion; mais de Thore déclare que, si cette ressemblance extérieure était assez frappante, la différence des opinions n'en était pas moins tranchée. Tout le monde sait parler espagnol à Bayonne. M. F. Barthe a remarqué qu'aucun homme du peuple ne parle français à Saint-Sébastien de Guipuzcoa. La raison en est, dit-il, que l'Espagnol, surtout depuis qu'il a perdu sa marine, n'a plus que deux portes pour sortir de chez lui et aller dans toute l'Europe: Perpignan et Bayonne; il y passe donc très-souvent, et par celle de Bayonne surtout. Les Français, au contraire, ne passent à Bayonne que pour aller en Espagne; et ils y vont peu. Il y a une autre raison; elle nous est fournie par Istueta, poëte guipuzcoan, historien enthousiaste: les Basques-Espagnols, non-seulement ne savent pas le français, mais ne savent guère davantage le castillan ; nous parlons du peuple. En Guipuzcoa, par exemple, sur cent cinquante mille personnes, vous en trouverez à peine dix mille qui sachent parler espagnol. Et si les montagnards de la frontière espagnole entendent assez mal la langue de Cervantes, comment voulez-vous qu'ils comprennent celle de Racine?

De tout temps les Bayonnais ont excellé dans l'art de construire des navires fins voiliers. Leur constitution physique, dit Thore, diffère peu de celle des Basques, dont ils ont la force, l'intrépidité et la gaieté. Voltaire appelait les Euskariens, un petit peuple qui saute et danse au haut des Pyrénées. Bon sang ne peut mentir. Euskariens de race, les habitants de l'antique ville de Labourd, malgré l'adoption du patois roman, dont l'accent un peu rude s'y mêle à celui des langues basque, espagnole et française, les Bayonnais, avons-nous dit, furent toujours beaux danseurs. C'est la première remarque que fit M. de Jouy en arrivant dans la ville : « De tous les plaisirs, la danse est celui auquel on se livre ici avec le plus d'ardeur : les bals sont très-fréquents pendant l'hiver ; et, dans l'été, les Bayonnais de toutes les classes se rendent à Biarritz, pour s'y livrer aux plaisirs des bains et de la danse. » Nous ne parlerons que pour mémoire, de la *pamperruque*, danse particulière à la ville ; elle se dansait dans les rues, en habit de caractère, au son du tambour et sans musique. La *pamperruque* se composait des jeunes gens et des demoiselles les plus distingués ; elle était autrefois de rigueur pour faire les honneurs de la ville à quelque grand personnage. A ce trait de mœurs, on reconnaît les traditions cantabres. M. de Jouy cite encore le *Jeu de l'Oie*, course nautique, « où les marins bayonnais, tous excellents nageurs, déploient leur force et leur agilité prodigieuse. »

Les Bayonnais ne mettent pas toujours des mitaines de soie ou de velours pour parler aux gens ; sur quoi, les personnes qui se piquent d'une politesse exquise, leur ont reproché d'en manquer : mais ils sont mieux que polis, ils sont bons, pleins de cœur, et naturellement aimables. Le son de leur voix est infiniment agréable, comme le disait Thore ; on y retrouve un écho des Pyrénées euskariennes. Personne ne leur refuse un esprit inventif, un goût délicat, beaucoup de finesse dans les réparties, mais déparée quelquefois par deux ou trois grains de causticité impitoyable. Les Bayonnais, comme les Basques, sont d'une stature au-dessus de la moyenne ; la beauté des femmes, leur taille, plus svelte et élancée que celle des Gasconnes de la plaine, ont été célébrées par les voyageurs ; à les en croire, et pour notre part nous en sommes très-convaincu, la grisette bayonnaise est la reine des grisettes de France. L'historien des deux Vasconies, Oihenart le Mauléonais, vantait les Bayonnais de son temps, comme admirables par leur bonne foi; *incliti fide*. Sous ce rapport et sous beaucoup d'autres, les mœurs locales n'ont changé en rien. *Uxores maritos, puellæ amatores suos sincerissimè colunt*, les Bayonnaises aiment très-sincèrement leurs maris, et les jeunes filles leurs amoureux ou fiancés. Ce dernier trait achève la peinture; nous nous garderons bien d'y rien ajouter; le cantabrisme de la race bayonnaise ne saurait être mieux caractérisé.

Porte-de-St-Esprit, Porte-d'Espagne, Porte-Marine et Porte-de-Mousserole; Bayonne a quatre portes comme le ciel a quatre points cardinaux. C'est à l'avantage d'être à l'embouchure de deux rivières fertilisantes, que l'antique cité de Labourd doit son nom moderne de Bayonne. A cet avantage, joignons celui d'avoir, en sortant de la Porte-d'Espagne, un glacis vaste, promenade en temps de paix, champ de manœuvre pour une nombreuse garnison, et camp pendant la guerre; en sortant de la porte-Marine, la magnifique promenade des Allées-Marines, sur les bords de l'Adour; une petite banlieue parsemée de riantes cultures et d'agréables maisons de campagne, dont les sites sont comparés par les voyageurs à des paysages de paradis terrestre : le tableau sera exact, sinon complet. N'oublions pas les deux châteaux de la ville, ses remparts flanqués de bastions solidement bâtis à l'épreuve du boulet, et construits d'après le plan de Vauban; brochant sur le tout, une formidable citadelle, qui pourrait, si la ville était prise par impossible, ou surprise par trahison, raser Bayonne en quelques heures et la réduire en cendres...

Nunquam polluta ! Toujours vierge !

CHAPITRE VI.

La Bayonnette.

Vous connaissez cette langue de fer, arme homicide que les soldats d'infanterie portent au bout de leurs fusils, et qui a nom bayonnette? Nous n'avons rien à vous dire sur la fabrication de cet instrument de gloire et de mort; ceci est l'affaire des armuriers militaires.

Laissons de côté le pistolet à bayonnette,— la bayonnette à lame courte, dont on se sert dans la chasse au sanglier, — le sabre-bayonnette, adopté par l'infanterie légère allemande et anglaise, par les *cazadores* de Bolivar dans l'Amérique du Sud, et en premier lieu par les chasseurs tyroliens, dit-on : — on vous dira seulement, ce que tout le monde sait, que l'histoire des guerres de la Révolution et de l'Empire ne parle que de redoutes enlevées au pas de charge, de fronts de bataille rompus à la bayonnette. Ce fut à la bataille de Spire (15 novembre 1703) qu'eut lieu la première charge en colonne à la bayonnette; elle valut aux Français une victoire brillante. Le premier corps qui ait été armé de bayonnettes, dit le père Daniel, est le régiment de fusiliers, créé en 1671, et appelé depuis royal-artillerie : la bayonnette avait remplacé la pique qui, cependant, ne fut entièrement supprimée qu'en 1703, sur l'avis de Vauban. Ajoutons-y l'avis de Renaud d'Eliçagaray, fils de Basque, inventeur des galiotes à bombes, que les historiens appellent le petit Renaud, parce qu'il était de petite taille. Déjà Feuquières entrevoyait cette vérité importante dans l'art militaire : qu'un bataillon carré, fraisé de bayonnettes et faisant grand feu, résiste admirablement bien aux plus vigoureuses charges de cavalerie.

Mais à quoi bon tout ce préambule, dira le lecteur.— Pourquoi ? — Parce que ! répondra la Bayonnaise, ou plutôt M. Edmond de Bormans, à qui nous prenons une citation historique, sans qu'il soit besoin d'y joindre des explications.

« En 1523, le prince d'Orange, à la tête

» d'une armée espagnole, dont Charles-Quint
» lui avait donné le commandement, mit le
» siége devant Bayonne. Le maréchal de Lau-
» trec s'était jeté dans la ville, et quoique il
» n'y eut qu'une faible garnison, il n'en vou-
» lut pas recevoir une plus nombreuse. Les
» habitants justifièrent sa confiance. Les vieil-
» lards, les enfants, confondus avec les sol-
» dats, se présentaient sur les murs, d'où ils
» défiaient les assiégeants; les femmes par-
» tageaient cette noble ardeur et formèrent
» un bataillon. Leurs armes étaient des cha-
» peaux de paille alors en usage; elles les
» remplissaient de sable et de pierres qu'elles
» jetaient sur l'ennemi. D'autres étaient occu-
» pées à forger des armes, et ce fut de leurs
» mains que sortit l'arme meurtrière qui
» porta et a conservé le nom de *bayonnette*. »

C'est ainsi qu'un beau trait d'héroïsme fé-
minin et une idée de Bayonnaise ont pu, par
une invention simple et terrible, faire une
sorte de révolution dans le grand art de la
guerre et la conduite des batailles. Les Basquaises du Guipuzcoa et de la Biscaye, élevées
autour de mille forges retentissantes, à côté
des plus habiles armuriers de la vieille Europe, et qui savent, au besoin, dans les guerres de montagne, en portant des vivres à
leurs maris, à leurs frères, se servir du
fusil avec autant d'adresse que d'intrépidité,

déclarèrent en ce temps-là, que les Bayonnaises étaient les dignes filles des femmes cantabres de l'ancienne ville de Labourd, et qu'elles méritaient une arquebuse d'honneur, quoique elles eussent beaucoup tué d'Espagnols et repoussé l'armée de Charles-Quint. La colonelle du bataillon des Bayonnaises, en 1523, pendant ce siége très-court, mais sanglant, était une grisette charmante. La première bayonnette fut forgée par ces dames dans la rue des Basques.

Lautrec n'avait eu besoin que d'un coup d'œil pour deviner l'énergie de la population qu'il venait défendre, et qui se défendit si bien elle-même sous ses ordres. Honneur aux Bayonnais de 1523, mais surtout, gloire aux Bayonnaises !

CHAPITRE VII.

Le Cacolet.

Vous sortez de Bayonne par la Porte-d'Espagne, et à la bordure du Glacis, laissant à gauche le chemin de Cambo, dominé par les ruines du château de Marracq, vous suivez la route qui conduit en Espagne par St-Jean-de-Luz. A 4 kilomètres de distance, un poteau vous indique l'embranchement qui mène à Biarritz, à proximité de la petite auberge St-Jean. A 1 kilomètre 594 mètres de cette auberge, au point où commence la nouvelle route de Biarritz, se présente à droite un chemin fréquenté par les piétons et les cavaliers, et que l'on pourrait, à peu de frais, rendre praticable aux voitures : il conduit à la *Grotte* ou *Chambre d'Amour* d'Anglet, plage célèbre par la mésaventure de deux jeunes amants surpris dans les bras l'un de l'autre dans cette grotte, par la haute marée. M. de Jouy, Dupaty et Népomucène Lemercier ont écrit de jolies pages ou de beaux vers sur cet évènement; mais comme les auteurs français ont le bon esprit de ne pas répéter sur nouveaux frais, ce qui a été bien dit et raconté par d'autres, le temps a singulièrement refroidi les émotions que ce souvenir excitait il y a un demi-siècle. La grotte, peu visitée, a beaucoup perdu de son prestige romantique : faible écho aujourd'hui d'un retentissement littéraire qui inspira à M. Darnaud son roman intitulé : *Les délassements de l'homme sensible.*

Disons seulement ce qui est vrai, et parce que cela est vrai, que la *Chambre d'Amour* a aussi ses *Bains de Mer*, et que diverses circonstances locales, jointes à la beauté et à la sûreté de la plage, pourraient bien, quelque jour, agrandir, transformer cet établissement utile. La commune d'Anglet deviendrait alors la rivale de Biarritz. Mais il faudra pour cela un siècle de temps, ou si l'on voulait que la transfiguration fût instantanée, magique, une poignée de millions, de l'argent. Depuis que les rentiers de France ont pris le rôle d'Amphion, depuis que le coffre-fort se poétise et qu'à la voix de ces messieurs, les hôtels splendides, les villes aux cent portes, peuvent, en quelques jours, sortir de terre comme par enchantement, il ne faut désespérer de rien : notre siècle est aux miracles. C'est une simple prophétie que nous hasardons ici. Prophétie est le mot; car elle aura le sort de toutes celles qu'on a faites depuis le commencement du monde et qui lui ressemblent : elle ne s'accomplira pas.

La distance de Bayonne à Biarritz n'est que de huit kilomètres. Le lecteur, sans doute, n'exigera pas que nous fassions passer en revue devant lui la variété des modes de locomotion entre lesquels on peut choisir pour franchir cette distance. Il faudrait un cocher parisien en belle humeur, pour désigner par des noms pittoresques, comme sur un boulevard de Paris, les véhicules de tout genre qui se croisent le long de ce chemin de Bayonne à Biarritz : du coucou gascon aux diligences, et du petit char à bancs aux calèches rapides, au carrosse aristocratique et aux voitures de cour. Evitons de parler ici de la foule des véhicules qui existent et que tout le monde connaît; parlons de celui qui brilla long-temps, qui porta à Biarritz la reine Hortense (et en dernier lieu madame duchesse de Berri), et qui n'est plus : le cacolet!

Le coucou de Versailles, ce haut et redoutable locomoteur de la banlieue de Paris en 1830, était un carrosse de la cour sous Louis XIII ; l'inauguration du chemin de fer a été le terme de sa longue et bruyante carrière. Le cacolet a été plus malheureux encore; il méritait un meilleur sort. M. de Jouy a défini le cacolet : une espèce de panier à dos posé sur un mulet et garni d'oreillers. Chaise mauresque, s'écrieront messieurs les antiquaires : deux grands paniers carrés, deux grandes cages faites de branches de palmier, et recouvertes d'une étoffe brune pour amortir les rayons et l'éclat du soleil : le *takhterouan* des Arabes, ainsi appelé de deux mots persans qui signifient lit ou siége portatif! Pour peu qu'une académie s'en mêle, on découvrira que le mot euskarien *kacoleta* vient en droite ligne de *takhterouan*; en changeant *takh* en *cac*, et *terouan* en *coleta* : étymologie tout aussi raisonnable que celles qui ont été faites par les érudits depuis trois cents ans. Le tour de force de la science jusqu'ici, était d'aller découvrir dans l'antiquité la plus reculée, des raretés admirablement inutiles et futiles; avec grand soin de ne jamais effleurer ni cotoyer les faits qui signifient quelque chose, ou les idées qui peuvent mener à un but : érudition profonde, à cause de la pensée secrète qui dirigeait ses travaux. Un antiquaire basque, l'un de ces enthousiastes dont le règne est passé, dirait que *takhterouan* vient de *kacoleta*, et qu'un Devin de l'Ibérie espagnole enseigna aux Mages de la Perse l'usage du cacolet de Biarritz, longtemps avant la naissance de

Zoroastre et la promulgation du Zerdust. Nous dirons avec plus de modestie, et surtout de vérité, que *kacoleta*, vient de *khaco*, *gakho*, crochet, crampon, en l'honneur des crochets qui jouaient le principal rôle dans la structure du *takhterouan* labourdin. Et si nous parlons du cacolet, c'est à cause du long souvenir qu'il laissera dans les traditions locales de Bayonne et de Biarritz. Un poète a chanté spirituellement, en beaux vers, le triomphe de la patache et de l'insolent tapecu sur le cacolet historique. Nous allons citer cette pièce légère, parce qu'elle est charmante, parce qu'elle fut insérée dans l'*Ariel*, journal fantastique; parce que son auteur est l'un des plus brillants poètes lyriques de notre époque, et qu'il est déjà placé par nous, Bayonnais et Basques, parmi les plus beaux noms littéraires de l'horizon pyrénéen.

LE CACOLET.

I

Quoi! ce gai Cacolet où l'Amour, d'aventure,
Allait, trottant à deux, sur la même monture,
O ma belle cité! n'est plus ce qui te plaît?...
Mais je comprends, Bayonne est la Vierge sans tache;
Aujourd'hui sa pudeur préfère la patache
      Au trot léger du Cacolet.

II

Ah! ne le cherchez plus vers la Porte-d'Espagne,
Ce char à deux, qu'à pied la Basquaise accompagne ;
Ce n'est qu'un souvenir, hélas! il a vécu!...
Allez, jeunes beautés! allez, amants timides!
Au lieu du Cacolet dont l'Amour tient les guides,
  Il vous reste le Tapecu!!!

III

Pourtant c'était si bon quand, tous deux, bien à l'aise,
On allait, cheminant le long de la falaise,
C'était si bon d'aimer, en se sentant bercer,
Tandis que maints cahots qui troublaient l'équilibre,
Rendant l'amant plus tendre, et l'amante plus libre,
  Les rapprochaient sous un baiser !

IV

Puis, les aveux charmants! puis les longs tête-à-tête!
Puis la Basquaise à pied qui chante un air de fête,
Pour avertir l'écho de Biarritz et d'Anglet!
Puis l'heure qui s'enfuit, par l'heure poursuivie,
Et pourchassant gaîment tous les soins de la vie
  Au trot joyeux du Cacolet!

V

Aussi que n'eût point fait la vive Bayonnaise,
Quand l'été de retour rallumait sa fournaise,
Pour fuir, doux contre-poids, sur ce trône mouvant,
Pour voir son court jupon qui par les airs chemine,
Disputer au Zéphir sa jambe ronde et fine
  Et son tout petit pied d'enfant!

VI

Oh! pour son Cacolet qui la proclamait reine,
Qui portait au grand trot sa folle souveraine,

Vers Biarritz, son royaume, et la mer, son grand lac,
Elle eût donné cent fois, donné, sur ma parole,
Son bal au Saint-Esprit, sa fête à Mousserole
    Et tous les plaisirs de Marracq. .

VII

Mais à quoi bon gémir et chercher en arrière ?
Ce doux char des amants, on l'a mis en fourrière,
De par l'hymen, sans doute, et les maris jaloux ;
Les amours dénichés ont fui par la campagne,
Et la fière Basquaise, à la Porte-d'Espagne,
    A brisé son fouet de courroux.

VIII

Oh ! taisons-nous ! Bayonne est la Vierge sans tache ;
Aujourd'hui sa pudeur préfère la patache
Au Cacolet mondain dont la gloire a vécu...
Allez, tendres beautés ! Allez, amants timides,
Au lieu du Cacolet dont l'Amour tient les guides,
    Il vous reste le Tapecu !!!
                      (*)

Sans doute, poète, la patache et le tapecu restent aux amants timides ; et ce ne serait pas la première fois qu'ils auraient été forcés de s'y réfugier, quand le ciel est noir et que l'orage gronde. Les voitures remplacent le cacolet, sans pouvoir le faire oublier ; mais bientôt, à son tour, la vapeur remplacera les voitures à chevaux sur la route de Biarritz.

(*) UNE VOIX DES PYRÉNÉES, par M. Barandéguy-Dupont.

LE CACOLET. 57

Enfin, nous verrons le chemin de fer tant annoncé, qui doit relier Biarritz à Bayonne ! Que le chemin, partant de l'entrée des *Allées-Marines*, aboutisse à Biarritz par la commune d'Anglet et par la *Chambre d'Amour*, en passant devant la *Villa-Eugénie*, ou que le tracé reçoive une autre direction ; nous n'avons pas à nous occuper de ce choix, pourvu que la concession soit obtenue et que le chemin de fer soit exécuté. Mais, ô lignes de chemin de fer que vous êtes ! on doit vous le prédire : bientôt vous allez disparaître de la surface du globe, devant les progrès de la navigation en ballon; et le ballon lui-même sera brûlé, le jour où nous aurons appris à voyager électriquement. Cela ne tardera guère. La navigation en ballon était connue en Orient et dans la Perse, il n'y a de cela que 7,855 ans. Mais ceci nous remet en mémoire une histoire pittoresque, qui mérite un chapitre à part. Les conversations aériennes faites à une élévation de quatre kilomètres au-dessus du niveau de la mer, sont toujours intéressantes.

CHAPITRE VIII.

Navigation aérienne.

Ce chapitre sera court : le lecteur intelligent ne doit pas le regarder comme un hors-d'œuvre ; il est permis à un faiseur d'itinéraires de parler incidemment des différentes manières de voyager sur mer, sur terre et dans les airs.

En ce temps-là (nous avons dit la date), il y avait en Perse un roi et une reine ; celle-ci passait pour être la perle des mères et le modèle de toutes les vertus. Quant au monarque, c'était un prince éminemment paternel et familial ; il aimait tant sa famille et ses enfants, qu'il en vint à oublier son peuple, et finit par se faire chasser. On ne s'enrichit que par l'économie. J'aime mieux, disait-il, que l'on m'accuse d'avarice. Et la vérité est qu'il ne prodiguait point ses richesses; il ne songeait qu'à les augmenter. Il vérifiait lui-même les comptes de la blanchisseuse de sa maison; il retrancha un jour la somme de quatre centimes qu'elle lui portait de trop sur la note de la semaine, déclarant et écrivant lui-même, de sa royale main, qu'il ne consentirait jamais à la payer. Il ne voulut jamais rendre non plus à l'une de ses nièces un magnifique royaume qu'il avait usurpé; et sous prétexte que cette princesse avait les cheveux blonds et les yeux bleus, il l'enferma dans une Tour solitaire pour le reste de ses jours. Nous n'avons pu déchiffrer dans le vieux manuscrit écrit en langue zend, le nom de cette princesse infortunée : nous l'appellerons Dolores. Le vieux monarque est appelé dans l'histoire de Perse, Richard Ier.

Bientôt un Magicien, inventeur de la navigation aérienne et du grand art de diriger les ballons à volonté, conçut le projet de délivrer l'auguste prisonnière. Un seigneur de la cour de Perse mit à sa disposition, pour les frais de la construction de la nacelle aérienne, un lingot d'or et trois diamants équivalant à une somme de six cent mille francs de notre monnaie française. Le Magicien alla chercher dans les montagnes de l'Afghanistan un de ses confrères, partisan fanatique des droits de la princesse Dolores : celui-ci trouva moyen d'engager à cette aventure un autre Mage de ses amis, lequel aimait peu les rois en général, et méprisait Richard Ier en particulier ; mais il était toujours du parti des nièces qui sont chagrinées par leurs oncles, et porté à secourir les dames que l'on retient prisonnières, dans les moments où elles ont le plus besoin d'être en liberté.

Les nobles de la cour de Perse disaient au prêtre de Mithra : Choisissez deux d'entre nous, pour vous seconder dans le coup de main que vous avez entrepris. Il en est plus de cinquante qui risqueraient volontiers leur vie, dans l'espoir de sauver la princesse. J'ai mieux que vous tous, répondit le Magicien. Deux Enchanteurs de mes amis, hommes de sang-froid et d'exécution, me seconderont dans mon entreprise, pour le seul plaisir de secourir une princesse dans l'embarras, et d'être acteurs dans un enlèvement périlleux et pittoresque. Les Persans apprendront avec une surprise extrême quel usage on peut faire de la navigation aérienne, et que le secours que l'on demande vainement à la terre, nous tombe quelquefois du haut du ciel.

Et comment ferez-vous, disaient les nobles ? Monterez-vous sur Chevillard, ce cheval de bois qui fend les airs et que l'on dirige à son gré, au moyen d'une petite cheville placée sous chaque oreille, selon qu'on fait tourner l'une ou l'autre cheville pour s'élever ou descendre, et passer d'un monde dans un autre en quelques heures, avec mille fois plus de rapidité que l'hirondelle quand elle franchit les mers? Descendrez-vous sur la Tour solitaire de la princesse Dolores, comme le prince Firouz Schah, qui s'introduisit par le toit dans le palais de la princesse de Bengale, sans réveiller les eunuques plongés dans un profond sommeil, et qui s'agenouilla devant le lit où l'attendait la princesse de Bengale, le sourire sur les lèvres et mille éclairs de joie et d'espérance dans les yeux? Comment ferez-vous?

Ceci est mon secret, répondit le Mage : avertissez la princesse Dolores, et faites-lui bien la leçon : — « Madame, quand vous entendrez un bruit de pas sur la terrasse de la Tour solitaire, à l'heure de minuit, une petite boule d'or vous sera jetée par la cheminée de votre chambre à coucher et roulera avec bruit sur le plancher ; la boule d'or sera suivie d'un réseau ou filet de soie dans lequel vous vous mettrez sans une minute de retard. La cheminée est assez large ; laissez faire, et n'ayez aucune frayeur : les Magiciens d'en-haut vous feront monter doucement, le long de ce sombre passage, que vous traverserez en peu d'instants, sans déchirer votre robe et sans vous écorcher les doigts. Les Persans diront que vous avez montré un courage héroïque. La gloire est à ce prix. »

Un célèbre écrivain de la Perse assistait à cette confidence, il en était ravi; mais cet écrivain était loyal comme un vrai gentilhomme, naïf et confiant comme un homme de lettres; il se dit à lui-même : La Reine de Perse, qui est une tante adorable, sera charmée d'apprendre que sa nièce va sortir de prison; elle n'hésitera pas à favoriser cette délivrance. Allons la trouver, pour lui annoncer l'heureuse nouvelle. — « Vous êtes fou ! s'é-
» cria la vieille Reine: et par où voulez-vous
» qu'on tire ma nièce de prison, à moins qu'on
» ne l'enlève par la cheminée ? — Madame,
» c'est par là peut-être qu'on la fera passer. »

Trois jours après, on lisait dans le journal officiel de la Perse (car il y avait des journaux en ce temps-là) : « Un grillage de fer, formé
» de barres très-grosses et très-solides, a été
» disposé dans la cheminée de la chambre à
» coucher de la princesse Dolores. Les dews
» et les darwands descendaient par cette ou-
» verture et venaient tourmenter la princesse
» dans son lit, chaque nuit. Notre glorieux
» monarque, qui est la bonté même, n'a pas
» voulu que le sommeil de son auguste nièce
» soit troublé à l'avenir par les mauvais
» génies. »

Sans cette maudite grille, s'écria l'un des

plus grands seigneurs de la Perse, le succès de l'enlèvement était infaillible : cet essai de navigation aérienne a été fait plusieurs fois dans mes salons, à l'aide d'un ballon et d'une nacelle de petite dimension; il serait impossible d'imaginer un problème de direction en tout sens plus habilement et plus savamment résolu, malgré la force des courants d'air et celle des vents les plus contraires ! — Puisque le grand Mithra n'a pas permis que je fisse usage de ma nacelle merveilleuse en cette occasion, disait le Mage, je veux ensevelir mon secret dans l'oubli le plus profond : il ne sera révélé qu'aux Occidentaux, après un laps de temps de 7,855 années solaires !....

Ayant ainsi parlé, il lança son ballon, sans pilote et sans passager, dans les nuages, du haut d'une montagne qu'on aperçoit de Persépolis, et il le suivit longtemps des yeux. Comme les personnes qui veulent aller de Bayonne à Biarritz n'ont pas besoin de nacelle merveilleuse pour faire ce trajet, nous ne dirons pas en quel endroit des Pyrénées occidentales tomba le ballon du Magicien de Perse, et par qui le secret de la navigation aérienne fut religieusement gardé.

CHAPITRE IX

La Cathédrale de Bayonne.

Mais il n'est point encore temps d'entrer à Biarritz, comme si nous n'avions à nous occuper que des voyageurs qui arrivent à Bayonne par la Porte-du-Réduit ou Porte-de-France. L'itinéraire, avant de prendre un bain de mer, aura à parler de la route qui conduit à Biarritz par Oloron, ville du Béarn, en traversant le pays basque, et des deux routes d'Espagne par Saint-Jean-pied-de-Port et Saint-Jean-de-Luz. Avant tout, il nous reste à jeter un dernier coup d'œil historique sur Bayonne.

La ville possède un beau monument gothique du douzième siècle : c'est sa cathédrale, laquelle mérite d'être visitée, même par les mauvais chrétiens. Le cloître en est vaste, autant que cloître de France, et remarquable sous plusieurs rapports : les galeries ogivales de cette partie de l'édifice, disposées sur un quadrilatère régulier, peuvent être appelées belles malgré l'état de délabrement où on les voit. Nous ne voulons pas faire la critique du clocher, ni le plaindre de ce qu'on le laissa inachevé, ou qu'on lui fit la taille trop courte. Ces petites imperfections artistiques ne nuisent point à la magnificence du tableau que l'on voit autour de soi, du haut de la galerie qui le couronne : point de vue aussi admirable en son genre qu'aucun de ceux que l'on rencontre sur les montagnes de la frontière labourdine.

Le voyageur ne fera donc pas mal de monter à ce clocher; à moins qu'il ne préfère, tenant l'une des célèbres marines de Vernet à la main, admirer du haut de la citadelle les mêmes effets de lointain et de perspective à un point de vue plus grandiose. Mais peut-être que le voyageur, adorateur passionné des beautés de la nature, nous répondra comme le gourmet à qui l'on offrait deux fruits exquis, de couleur et d'espèce différente : — « Lequel préférez-vous? — Je préfère celui que je mange ! » Et il les mangea tous les deux.

Lesseps dit que l'on jeta en 1140 les premiers fondements de la cathédrale de Bayonne.

Nous laisserons aux archéologues le soin de raconter l'histoire de cette construction : celle du clocher, de la partie basse et haute de la nef, des cloîtres et des vitraux, jusqu'au commencement du dix-septième siècle, époque où la cathédrale fut singulièrement embellie, par les soins de Drouillet, évêque de Bayonne. Quant à son histoire contemporaine, une visite faite à ce monument par les voyageurs qui ont du goût et des connaissances en matière d'architecture catholique, leur en apprendra beaucoup plus que les détails dans lesquels nous pourrions entrer. L'homme qui contribua le plus à la construction de la cathédrale, dès l'année 1312, fut un Bayonnais, Guillaume Bodin, dominicain-inquisiteur, d'abord évêque et promu plus tard au cardinalat par le pape Clément V. Il y avait vingt-quatre ans qu'il portait la pourpre, lorsqu'il mourut.

Quelques réflexions. Les plus beaux temples de l'ancien polythéisme furent transformés en églises par les Chrétiens. Les Grecs, admirateurs idolâtres de la belle nature, avaient divinisé toutes les puissances de la création. Parfaits dessinateurs, premiers et seuls grands sculpteurs qu'il y ait eu au monde, l'art matériel n'eut jamais rien de barbare ou de médiocre dans les détails et l'ensemble de leurs monuments religieux. La beauté des temples grecs réalisa jusqu'à un certain point l'idéal de la perfection en architecture. Homère, par un trait de génie, fait trembler l'Olympe, au seul mouvement du sourcil de Jupiter. Le ciseau de Phidias taille ce sourcil olympien, ce front superbe d'une statue d'ivoire et d'or, dont le petit doigt de la main avait cinquante centimètres de longueur. La majesté, l'expression sublime, jointe à la pureté, à la correction irréprochable des formes exécutées en dimension colossale ! tel fut l'art chez les Grecs. Les temples, métamorphosés d'abord en églises, furent changés plus tard en mosquées par les Arabes-Maures, en Espagne. Les Visigoths, d'abord ariens, puis catholiques depuis Récarède, avaient précédé les Maures. Aucun peuple n'a égalé ces derniers dans l'art de tailler, de découper la pierre en arabesques ; festons capricieux, broderies granitiques, qui ont quelque chose d'aérien. L'art gothique et l'architecture du catholicisme, sous toutes les formes qu'il leur a été possible de revêtir, n'ont guère produit que des monuments un peu lourds, grandioses, mais sombres, effrayants, — semblables à une religion qui marche, comme un géant sur ses deux pieds, avec deux mobiles, la terreur et l'espérance, entre le néant de la vie terrestre et l'immortalité du ciel.

CHAPITRE X.

Les Evêques de Bayonne.

A commencer par Iscassicus, qui assista au concile tenu à Bordeaux en 384, on compte treize évêques de la ville et diocèse de Labourd. Au milieu du douzième siècle, la ville de Labourd change son nom en celui de Bayonne, qui n'est pas moins euskarien; et depuis Arnaud Formatel, élevé à l'épiscopat en 1149, jusqu'à Joseph-Jacques Loison, curé assermenté de la Meuse, appelé au même siège en 1802, on compte cinquante-deux évêques de Bayonne.

Déjà en 841, les Normands s'étaient emparés de la ville de Labourd; ils en sortaient par bandes de pillards, qui ne cessèrent de ravager le Béarn, l'Armagnac et la Bigorre, jusqu'au temps de Guillaume Sanche. Saint Léon, que Bayonne révère comme son premier évêque et son patron céleste, ne fut en réalité que le second des treize prélats du Labourd. Il était né en Normandie, de parents illustres. Appelé à Rome par le Pape, celui-ci l'envoya, en qualité d'évêque et de missionnaire, chez les Normands de Bayonne. Les Basques faisaient une rude chasse à ces barbares. Ce fut en l'année 900 que saint Léon se présenta devant Lapurdum : il arrivait par le chemin qui borde la mer, et trouva les portes de la ville fermées : les sentinelles refusèrent d'ouvrir. Il fut obligé de se réfugier sur une colline aux bords de la Nive, et passa la nuit dans une cabane de feuillages. Quelques Basques, portant des torches allumées, vinrent le secouer rudement pour le réveiller : ils le menacèrent de leurs armes, et lui firent, en leur langue, diverses questions auxquelles, dit la Légende, saint Léon ne put rien comprendre : probablement qu'il n'avait point reçu le don des langues.

Le lendemain, saint Léon fut admis dans la ville de Labourd. Bien différents des Euskariens, race patriarcale, civilisée et privilégiée, qui adoraient le Dieu suprême, *Jaongoicoa*, et qui avaient toujours repoussé le polythéisme, avant de se faire chrétiens, les Normands étaient furieusement idolâtres. Ils conduisirent saint Léon au temple de Mars, et voulurent, sous peine de mort, l'obliger à faire un sacrifice à ce dieu. Léon souffle sur l'idole, qui tombe en poussière, comme frappée de la foudre. Après ce miracle, Léon fit un voyage dans les provinces basques : il y a lieu de croire qu'il fut bien accueilli par les Euskariens.

A son retour à Bayonne, Léon trouva les Normands plus idolâtres que jamais, pirates en diable, et ne faisant métier que d'assassiner et de piller tous leurs voisins. Il ne manqua pas de leur reprocher, en bon normand, leur férocité et leurs brigandages : le saint homme leur faisait ce sermon sur les bords de la Nive; les Normands, irrités, se jetèrent sur lui et lui tranchèrent la tête. Son corps, ainsi tronqué, dit l'auteur de la *Nouvelle chronique de Bayonne*, se tint debout une heure entière; il releva même la tête tombée à terre, et la porta à une distance de plus de quatre-vingts pas. Là le saint fit jaillir sous ses pieds une fontaine miraculeuse. Les eaux de cette fontaine, située proche de la Nive, ont été fort longtemps en réputation; on leur attribuait entre autres vertus, celle de guérir les maladies des femmes enceintes et le mal aux yeux. Au dix-huitième siècle, un nommé Pédebaigt vendait de l'eau de la fontaine Saint-Léon dans les îles de l'Amérique, et gagna des sommes considérables à ce trafic. Dans les grandes calamités, le clergé de Bayonne exposait à la vénération des fidèles la tête du saint, et ses ossements, renfermés dans une châsse argentée, qui avait coûté en 1630, environ 3,600 livres.

Quant au miracle du corps de saint Léon portant sa tête, ce miracle, attribué à saint Denis, à sainte Valerie, à saint Ausone, à saint Genis, à saint Piat, etc., et puisé, selon toute probabilité dans les Dionysiaques de Nonnus, dit le chroniqueur bayonnais, est très-commun dans les légendes du moyen-âge.

En voilà assez sur les treize évêques de la ville de Labourd. Entre les cinquante-deux évêques de Bayonne qui viennent après eux, jusqu'à Loison, il en est à peine quelques-uns, dont le nom a une signification littéraire ou historique.

1742. — Guillaume d'Arche, de Bordeaux, surnommé le *Père des Pauvres*.

1707. — André Drouillet, le seul évêque de Bayonne qui se soit distingué par l'éloquence de la chaire.

1598. — Bertrand d'Echauz, nommé par Henri IV évêque de Bayonne, pendant qu'il était à Rome. Il reçut le rochet des mains mêmes du Pape Clément VIII, et fut nommé plus tard archevêque de Tours. Richelieu s'était opposé à ce que d'Echauz fût nommé cardinal. C'est à cet archevêque de Tours, ou plutôt à son nom, à sa mémoire (car d'Echauz venait de mourir), que le prêtre de Sare, Achular, dédia son livre basque, intitulé *Gueroco-Guero*, dans une préface qui n'est pas la moins belle page de ce traité de la Pénitence.

1552. — Etienne Poucher. Sous son épiscopat et à son instigation, le menuisier Réné, *soupçonné d'hérésie*, fut condamné par le parlement de Bordeaux, à faire amende honorable à Dieu, au roi, à la justice, nu-tête et nu-pieds, en chemise, la corde au cou, une torche ardente à la main, et un fagot sur les épaules ; à assister, placé sur un échafaud, à un sermon qu'on lui ferait à la cathédrale, — là, à genoux, y faire abjuration publique de son hérésie ; à être ensuite fouetté par le bourreau dans tous les carrefours de la ville de Bayonne, et à être enfin banni du royaume à perpétuité. Cet arrêt, dit la chronique du temps, fut exécuté en 1546, *avec grande édification du public*. Etienne Poucher fut nommé archevêque de Tours, cinq ans après.

On voit par là ce qu'il en coûtait d'être soupçonné d'hérésie, à Bayonne et dans tout le reste de la France, au beau milieu du seizième siècle !

CHAPITRE XI.

Les couvents de Bayonne.

L'histoire des moines bayonnais ne sera pas longue. Nous ne ferons que relater l'époque de leur établissement dans la ville.

1225. — Les Jacobins.
1254. — Les Cordeliers.
1264. — Les Carmes.
1520. — Les Religieuses dites Clairistes (admises sur l'ordre de François Ier).
1525. — Les Augustins.
1527. — Les Carmes font construire une église et un monastère dans l'intérieur de la ville.
1610. — Les Recollets.
1615. — Les Capucins. Ces derniers furent installés par la femme de Philippe IV, Elisabeth de France.

Il n'y a pas eu d'autres moines en Europe, jusqu'au milieu du douzième siècle, pendant plus de six cents ans, que les très-vénérables compagnies de l'ordre de Saint-Benoît, qui dataient de l'an de grâce 530. Ces bons pères Bénédictins faisaient vœu de n'avoir rien en propre, et de posséder tout en commun ; si bien que trente pauvres moines de l'ordre de Citeaux jouissaient quelquefois de cent mille écus de rente par an. Les Bénédictins possédaient, à eux seuls, plus de biens que tous les rois et princes de l'Europe : ils n'avaient pas moins de cent millions d'or de rente par an, somme fabuleuse pour ce temps-là. Nous ne comptons pas le haut et le bas clergé. On calcule que, dès le treizième siècle, et après l'invasion des quatre ordres des moines mendiants, il y avait en Europe trois fois plus de moines que de soldats. Les révolutions qui ont changé depuis trois siècles la face de l'Occident, ont terriblement décimé la milice catholique. Autres temps, autres mœurs.

Les quatre ordres de moines mendiants s'établirent à Bayonne, au treizième, seizième et dix-septième siècle : l'histoire de l'époque explique le fait de leur installation. Il n'y eut jamais de Bénédictins dans la ville.

CHAPITRE XII.

Adrien d'Apremont

Le 23 août 1572, la chasse aux hérétiques commence à Paris. A minuit, la cloche de St-Germain-l'Auxerrois fait entendre le glas de la mort. Coligny, noble vieillard, est égorgé; on jette son cadavre par la fenêtre dans la rue, Henri de Guise se baisse, essuie avec son mouchoir le sang qui couvrait le visage de la victime, et dit : « C'est bien lui ! » Il frappe du pied cette tête sanglante : « Bien com-
» mencé, dit-il ; allons aux autres ! »

Un Italien, de la garde du duc de Nevers, avait coupé la tête de Coligny et s'était hâté d'aller la présenter au roi, à la reine-mère. Cette tête fut embaumée et envoyée au pape, et au cardinal de Lorraine, qui, alors, se trouvait à Rome. Le corps, mutilé par la populace de Paris, fut traîné pendant huit jours par toutes les rues de la ville, finalement porté à

Montfaucon, pendu par les pieds, puis brûlé. Ce détail historique ouvre le récit de l'horrible massacre qui fut fait à Paris et dans le reste de la France.

Le dimanche, 24 août, et le lundi et mardi suivants, dix mille victimes furent égorgées. Les rues étaient jonchées de cadavres, la rivière « teinte de sang, les portes et entrées » du palais du roi peintes de même couleur; » mais les tueurs n'étaient point encore » *soûlés.* » Les cadavres des protestants massacrés au Louvre, dans la nuit du 24 et le jour suivant, étaient rangés côte à côte dans les cours, les nobles à part; leurs domestiques et les roturiers étaient entassés pêle-mêle. Le soir, la reine-mère, ses fils, les dames et les seigneurs de la cour descendirent des appartements, pour examiner un à un les cadavres, qui, tous, étaient nus. Les courtisans riaient avec Catherine et Charles IX à gorge déployée, devant cette hideuse boucherie : l'histoire n'a pas oublié d'enregistrer les paroles cruelles ou cyniques qui furent dites, symbole éternel de la férocité des hommes, en France, dans ce siècle d'ignorance et de barbarie.

Les égorgements, les pillages continuèrent pendant quinze jours; l'égorgeur obtenait pour récompense le bien et la charge de celui qu'il avait assassiné. Le courrier chargé de porter à Rome la nouvelle de l'assassinat de

Coligny, reçut mille écus de la main du duc de Lorraine : le canon du fort Saint-Ange annonça la nouvelle au peuple romain. Le pape, accompagné de tout le sacré collége, assista à une messe en action de grâces, et sa sainteté fit frapper une médaille avec cette inscription : *Hugotorum strages* : on voyait d'un côté l'effigie du pape, et de l'autre, l'ange exterminateur brandissant le glaive. Des milliers de protestants furent égorgés à Meaux, à Troyes, à Orléans, à Tours, à Bourges, à Lyon, à Rouen, à Toulouse, et dans toutes les principales villes de France.

Mais, à Nîmes, la population catholique s'unit aux protestants, pour protéger ces derniers contre les assassins et les pillards ; autant en firent les catholiques de Senlis ;

L'évêque Jean Hennuyer, à Lisieux ;

Le comte de Tendes, en Provence ;

Gardes, à Grenoble ; Chabot-Charny, en Bourgogne ;

Saint-Heron, en Auvergne ;

La Guiche, à Mâcon ;

Adrien d'Apremont, vicomte d'Orthe, à Bayonne, secondé en cela par les habitants de la ville.

Le vicomte d'Orthe, gouverneur de Bayonne, écrivit de sa main à Charles IX :

« Sire, j'ai communiqué le commandement
» de Votre Majesté à ses fidèles habitants et
» gens de guerre de la garnison ; je n'y ai
» trouvé que de bons citoyens et braves sol-
» dats, et pas un bourreau ; c'est pourquoi,
» eux et moi, supplions très-humblement
» Votre Majesté de vouloir employer nos bras
» et nos vies en choses possibles ; quelques
» hasardeuses qu'elles soient, nous y met-
» trons jusqu'à la dernière goutte de notre
» sang. »

De Thore ajoute que l'ordre du Conseil secret de Paris n'en fut pas moins exécuté contre les protestants et continué pendant quatre ou cinq ans dans le gouvernement de Bayonne. Le vicomte lui-même mourut quelque temps après, presque subitement. Les Bayonnais citaient, à ce sujet, un passage de Tacite, dont ils faisaient l'application à Adrien d'Apremont : « Ce qui redoubla la compassion, c'é-
» tait le bruit universellement répandu qu'il (Agricola) mourut empoisonné. » Il est vrai que Tacite ajoute : « Nous n'avons aucune
» certitude là-dessus. » De Thore tire parti de ce correctif. Possible est, que d'Apremont ne fut pas empoisonné le moins du monde, ou qu'il ne le fut que par un motif tout autre que celui de la protection qu'il accorda aux Huguenots.

La Cour de Paris et celle de Rome célébrèrent par des fêtes l'extermination de cent mille Français, plus honnêtes gens que ceux qui les égorgeaient par avarice et fanatisme. Le panégyrique du massacre retentissait du haut de toutes les chaires, le *Te Deum* était chanté dans toutes les églises, à l'oreille des mourants, et en présence des cadavres encore palpitants, qui couvraient les rives de la Seine, les rues et les places publiques de Paris. Le Parlement ordonna, par arrêt, la célébration d'une fête annuelle, et institua une procession en mémoire du *grand et glorieux jour* de la Saint-Barthélemi, 24 août 1572....

Jetons un voile sur ce tableau d'horreurs : nous ne l'avons éclairé à demi, que pour avoir occasion de citer la belle conduite des Bayonnais, ainsi que la noble et énergique réponse faite à Charles IX, par leur gouverneur Adrien d'Apremont, vicomte d'Orte, d'Orthe, ou d'Orthez.

CHAPITRE XIII.

Pés de Puïane.

Les Basques, resserrés par les armes karolingiennes dans leurs anciennes limites de Soule, Basse-Navarre et Labourd, avaient conservé, parmi les Aquitains, la plus haute estime et d'honorables priviléges, reste de leur glorieuse domination dans ces contrées. Les Basques-Souletins jouissaient d'une entière franchise, pour le transport de leurs marchandises et de leurs denrées, jusqu'à Toulouse, et dans tout le rayon des provinces si vaillamment défendues par leurs ancêtres : les marchandises des Labourdins réclamaient les mêmes franchises aux entrées et sorties de la ville de Bayonne.

Ce privilége, exercé par les montagnards, après cinq siècles, déplaisait singulièrement au conseil municipal de la ville : il avait essuyé jusque-là de fréquentes oppositions;

mais les Labourdins, dans tous ces démêlés, avaient fait triompher leur droit par les armes. Un gentilhomme landais, appelé Pierre de Puïane, était l'ennemi le plus acharné des priviléges basques. Il avait commandé une flotille anglaise au célèbre combat de l'Écluse, et ses exploits contre les Français lui avaient acquis la faveur du roi Edouard. Sa réputation de marin brave et habile, et surtout la haine qu'il portait aux Basques, lui valurent, en l'année 1341, la dignité de maire.

Le premier acte de son administration fut de faire abolir, par les cent pairs de Bayonne, la franchise des Labourdins. Il fit plus : informé que leurs marchandises étaient librement transportées en Labourd par le pont de Villefranque ou Villefranche sur la Nive, il y plaça des gardes et fit exiger un péage inusité : en vertu, disait-il, des anciens titres de la ville, qui faisaient remonter en sa juridiction sur cette rivière, jusqu'au point de la plus haute marée. Les Labourdins, à cette nouvelle, courent au pont de Villefranque envahi par les satellites du maire, massacrent les uns, chassent les autres, en disant, avec ironie, qu'ils venaient vérifier à l'amiable, si la marée de l'Océan remontait aussi haut que l'avaient prétendu le maire et la communauté de Bayonne.

Les chroniques rendent témoignage que, dès le temps du pélerin Euloge, les Basques laissaient paisiblement circuler dans leurs vallées les trafiquants que l'esprit industriel et le commerce des Maures attiraient chaque année à Saragosse ; mais l'ennemi, quel qu'il fût, éprouva toujours les effets de leur vengeance implacable. Les Bayonnais ne tardèrent pas à l'apprendre ; quelques-uns de leurs marchands, qui se rendaient en Espagne, furent tués dans le Labourd, et leurs marchandises pillées. Une lettre menaçante d'Edouard III fut vaine pour engager les autorités du Labourd à sévir contre les fauteurs de ces vengeances publiques. Dans une lettre suivante, le monarque anglais autorise le maire et les cent pairs à rétablir les compositions pour meurtre : attendu que les Basques, malgré ses représentations, ne veulent point renoncer à ce vieil usage.

La Saint-Barthélemy, fête patronale de Villefranque, approchait. Les Basques s'y rendaient en foule, chaque année, pour se livrer aux jeux et aux exercices dans lesquels ils excellent. Païane, qui avait juré d'assouvir sa haine, se fit précéder dans la ville par un affidé : cet espion l'informa que la foule des Labourdins et cinq de leurs principaux chevaliers passeraient la nuit au château de Miots, qui n'est plus aujourd'hui qu'une masure. L'émissaire acheva son billet par deux vers gascons :

Pés de Puïane, hey cuan pots ;
Nou sabes pas cuan será ops.

« Pierre de Puïane, agis quand tu peux ;
» tu ne sais pas quand cela deviendra né-
» cessaire. »

La nuit venue, les Basques après les plaisirs fatigants du jour, auxquels ils s'étaient adonnés avec leur passion et leur coquetterie ordinaire, reposaient au castel hospitalier, dans la profonde sécurité qu'inspirent les réjouissances publiques en pays ami. Secrètement accouru de Bayonne avec sa bande, Puïane cernait le château de Miots. Au signal convenu, les portes sont brisées, le château est envahi ; les Basques, surpris au plus fort de leur sommeil, nus, sans armes, furent massacrés ; les cinq chevaliers, réservés seuls, pour une vengeance plus raffinée du maire. Il les fit garrotter sous ses yeux et traîner jusqu'au pont de Villefranque : on les attacha aux arches du pont. Là, tandis que la marée montante les battait de ses flots, prête à les engloutir, Puïane jouissait de leur rage impuissante, et disait avec une dérision tranquille, qu'il venait, à son tour, vérifier à l'amiable, si la marée de l'Océan remontait effectivement aussi haut que le maire et la communauté de Bayonne l'avaient prétendu.

La trahison de Puïane devint un signal de guerre. Beaucoup de sang fut répandu, dit le chroniqueur, homme contre homme et bande contre bande. Enfin, les Bayonnais, menacés d'une extermination totale, proposèrent aux Labourdins de choisir pour arbitre de leur querelle Bernard d'Ezy, sire d'Albret : les Basques l'acceptèrent sans hésiter. L'arbitre condamna la ville de Bayonne à payer au Labourd, par forme de réparation, la somme de quinze cents écus d'or neufs, et à fonder dix prébendes en l'honneur des chevaliers noyés, et pour le repos de leurs âmes. Les Bayonnais firent appel de cette sentence devant le roi d'Angleterre dont ils possédaient la faveur. Ce monarque commit ses pouvoirs au prince de Galles, lieutenant en Guienne. Un jugement définitif rendu à Bordeaux, le 11 avril 1357, réduisit à cinq cents écus d'or l'amende des Bayonnais, et à six le nombre des prébendes à fonder : il confirma la sentence du Sire d'Albret dans tout le reste de son contenu. Les Labourdins, conformément aux termes de l'arrêt, vinrent jurer, sur l'autel de Saint-Léon, qu'ils accorderaient à l'avenir paix à la *Ville* : c'est ainsi que les montagnards désignèrent Bayonne. Mais ils retranchèrent nominativement, du pacte de paix, les deux fils de Puïane, se réservant le droit de les mettre à mort, partout où ils pourraient les rencontrer.

Quant au père, il avait misérablement péri dans les précédents massacres.

CHAPITRE XIV.

Les Basquaises.

En l'an de grâce 712, l'empire visigothique, auquel les Euskariens avaient triomphalement résisté, s'écroulait dans la Péninsule hispanique, après trois siècles de barbarie et de domination sans gloire : un revers du cimeterre africain renversa le trône et la monarchie de Roderic : en dix-huit mois, l'Espagne était conquise par les Arabes-Maures ou Sarrasins, ainsi appelés, je crois, d'un mot arabe qui signifie pillard, voleur, brigand et conquérant (l'un vaut l'autre).

Et quand nous avons dit que l'Espagne fut conquise, il ne faut pas entendre par là toute l'Espagne, ni le pays des Euskariens, qui sont les véritables et les plus anciens Espagnols de la Péninsule. Quelques hautes vallées des Asturies, ancienne province de la ligue cantabrique, échappèrent aussi au joug mahométan. La Navarre, déjà, se préparait à élire le premier de ses dix-huit rois montagnards, qui tous furent des héros ; les provinces basques d'Alava, de Guipuzcoa et de Biscaye, arboraient l'étendard de l'indépendance, surmonté de trois mains sanglantes, avec cet exergue euskarien : *Irurac-bat*, les trois n'en font qu'une. Le Biscayen Pélage se jetait dans les Asturies, l'épée à la main, pour en chasser les Islamites et se faire proclamer roi d'Oviédo.

Ce début de la croisade euskarienne contre les Mahométans, dans les Pyrénées, fut magnifique : un million d'hommes et de femmes contre quarante millions d'envahisseurs ! car la population arabe a quelquefois dépassé ce chiffre dans la Péninsule. La guerre dura sept siècles ; et pendant pendant les cinq premiers siècles d'une lutte de géants, jusqu'à la victoire de Muradal et la chute du dernier Calife, les Basques portèrent presque tout le fardeau et recueillirent toute la gloire, sinon le profit, de cette croisade héroïque.

L'expulsion des Arabes-Maures, la résurrection de l'indépendance espagnole ont été le fruit de leur grand cœur et de leur dévouement admirable. On nous dira : c'est l'esprit de liberté, ou c'est la haine du christianisme pour le Koran qui a régénéré l'Espagne. Tant que vous voudrez ; mais les Basques, à part le droit national qu'ils défendaient et le sentiment religieux, avaient aussi, pour les exciter au combat contre les envahisseurs, les mœurs patriarcales de leurs ancêtres, et l'horreur profonde que la loi du harem inspirait aux belles femmes de leur pays.

Les Euskariens, dès la plus haute antiquité, n'ont jamais professé que la plus belle et première religion naturelle; ils ne furent point idolâtres ni polythéistes; ils adoraient l'Etre-Souverain, le Seigneur-Suprême, le seul Dieu, dont le nom n'a point changé jusqu'à nos jours dans la langue des montagnards, *Jaun-goicoa, Jincua*. Chaque dialecte varie la prononciation de ce nom resplendissant, ineffable.

En dernier lieu, lorsqu'il ne restait plus que deux peuples libres dans le vieux monde, le Cantabre et le Romain, et que l'exemple universel, les Juifs exceptés, engageait les Euskariens à l'idolâtrie, leur grand sens repoussa ce culte, malgré tout ce qu'il y avait de séductions, de poésie et de magnificence terrestre dans le polythéisme.

Nous n'adorons que Dieu dans l'univers, disaient-ils aux Romains, et nous n'élèverons point des temples aux fantômes poétiques imaginés par vos chanteurs et par vos prêtres; mais, pour vous imiter en quelque chose, nous ne demandons pas mieux que d'admettre des déesses sur la terre et de les adorer.

— Lesquelles, s'il vous plaît?

— Nos femmes, si elles le trouvent bon.

Là-dessus, les Euskariens, qui, de tout temps, accordaient à la femme le don d'inspiration et de prophétie joint à une rare beauté, élevèrent des autels aux Dames ou Dominatrices; autels de gazon, couronnés de fleurs. Ajoutons qu'en euskarien, le mot demoiselle et dame, *andere*, signifie une grandeur qui plaît, une domination qui s'impose en souriant, et que l'on subit de bonne grâce.

Les crucifiements exécutés en Guipuzcoa et Biscaye, pendant la guerre de sept ans, par les légionnaires d'Auguste; les martyrs euskariens, qui défiaient encore les Romains au milieu de cette torture, et chantaient en croix leur hymne de guerre avant de mourir; en dernier lieu, les autels de fleurs élevés aux dames ou dominatrices, satire charmante du polythéisme; voilà, sans contredit, les deux plus grandes leçons que les tyrans du genre humain pouvaient recevoir d'un peuple libre, héroïque, intelligent.

Le Mahométisme devait inspirer aux Basques une répugnance non moins invincible que l'idolâtrie: la corruption du harem leur faisait horreur. La femme, chez les Euskariens, vit sur un pied parfait d'égalité avec l'homme;

égalité consacrée par les mœurs et par la loi.

Jusqu'à l'année 1789, elle héritait, de préférence aux garçons, dans un assez grand nombre de familles chez les Basques-Souletins, selon l'antique usage consacré par la *Coutume* ou loi écrite. Comme dame et propriétaire du manoir familial, la Basquaise faisait porter son nom d'héritière au mari qu'elle prenait : mœurs patriarcales que les Romains trouvaient singulières, au siècle d'Auguste. Il n'y a pas un seul peuple sur la terre chez qui la femme soit traitée avec autant de politesse, de respect et de déférence que par les Euskariens : il ne manque jamais de champions pour la défendre et la protéger avec une énergie chevaleresque ; mais les mœurs et le caractère national sont pour elle une protection encore plus puissante, et que l'on n'oserait braver.

La langue euskarienne a quatre formes de conjugaison, selon que l'on parle à deux ou plusieurs personnes en général, à une personne que l'on doit respecter, à une fille, ou à un garçon. Nous disons fille ou garçon, parce que ces formes grammaticales désignant le sexe, ne sont qu'un tutoiement de familiarité, qui n'est bien que dans la bouche des personnes âgées parlant à des enfants ou des adolescents.

La désinence déclinative distingue seule

le vous singulier du vous pluriel : preuve grammaticale que ce pronom respectueux fut employé dès les premiers jours de l'improvisation de la langue. Le tutoiement euskarien est moins une forme d'affection, qu'une marque de supériorité dans la personne qui parle, ou d'égalité familière entre jeunes gens.

Entrez dans la maison du premier Basque venu, vous ne l'entendrez jamais tutoyer sa femme: ce serait la traiter en esclave : ils ne se parlent que de majesté à majesté en ménage; et l'observateur philosophe reconnaît au premier mot, et au ton dont il est prononcé par le montagnard, que si ce dernier est *etchecojaona*, le maître, le seigneur ou roi de la maison, la femme est également dame, dominatrice et reine de ce petit empire, *etcheco-andere*. Il est facile de comprendre quel effet dut produire l'invasion de la polygamie arabe, aux frontières d'un petit peuple de braves, et dans une société ainsi réglée depuis plus de cinq mille ans.

Que l'on ne nous chicane point sur cette chronologie, nous suivons celle de La Bruyère et du grand siècle littéraire de la France.

Mahomet trouva la polygamie établie chez les Arabes; il réduisit à quatre le nombre des femmes légitimes pour le commun des croyants, et à neuf pour les dignitaires de l'État; lui-même en épousa dix-huit : privilége du prophète qui avait franchi les sept cieux et fait le tour du firmament en un clin d'œil. Le nombre des concubines resta illimité. Mahomet n'eut pas le courage de réformer les mœurs arabes; ses goûts libertins ne l'y portaient pas, et peut-être que, s'il eût osé entreprendre cette réforme, il aurait été sacrifié au début de la mission qu'il se donnait.

Le rétablissement de la loi patriarcale du mariage par l'Islamisme et le Koran, chez les Arabes, aurait fait de Mahomet un législateur tout-puissant, et dès-lors, la prophétie du conquérant de Médine avait la plus grande chance de se réaliser, sa loi pouvait changer en quelques siècles la face du vieux monde. Mahomet ne comprit point cela; et que la corruption du harem ferait tomber un jour les empires élevés par ses sectateurs, sous le mépris des civilisations futures. Vos femmes sont vos vêtements, disait-il aux croyants. A quoi les Arabes répondirent par interprétation : « On a plusieurs vêtements, on en change le plus souvent possible; et quand ils sont vieux ou usés, on les laisse dans un coin. »

Les Basquaises étaient trop bonnes chrétiennes pour ne pas avoir horreur d'une pareille morale : il est certain que l'arrivée des Arabes-Maures ne pouvait manquer de faire éclater contre eux, de la part des Basques, une guerre séculaire, d'extermination ou d'expulsion.

On demandait à un navigateur biscayen, qui avait fait deux fois le tour du monde, quelles sont les femmes les plus belles de la terre : — Celles qui sont aimées ! répondit le montagnard. Réponse pleine de sens, et d'une rare profondeur.

Il y a cependant une beauté idéale de la femme, qui n'existe que dans l'esprit de ceux qui conçoivent cette perfection; et une beauté réelle, mais toujours imparfaite par les détails : cette dernière, chacun la reconnaît et l'admire, à moins d'être aveugle. Mais, sur ce point, le sens personnel, l'instinct et l'imagination des hommes, ont toujours produit une incroyable variété de sentiments et d'opinions, selon les races, les pays et les siècles.

La déesse et la reine des belles, Vénus, était grecque, ce dit Brantome, avec la rude grossièreté de langage de son temps : et chez les Grecs, comme chez les Romains, les sourcils à peine séparés à la racine du nez, et un petit front étaient des traits de beauté. Les auteurs qui ont traité de la beauté de la femme ont traduit dans presque toutes les langues de l'Europe, la liste des trente grains de beauté, texte primitif, qui a bien pu être euskarien, mais dont l'origine espagnole ne saurait être contestée à une forme de style qui procède par trinités.

Tres cosas blancas : el cuero, los dientes, y las manos.
Tres negras : los ojos, las cejas, y las pestañas.
Tres coloradas : los labios, las mejillas, y las uñas.
Tres largas : el cuerpo, los cabellos, y las manos.
Tres cortas : los dientes, las orejas, y los piés.
Tres anchas : los pechos, la frente y el entrecejo.
Tres estrechas : la boca, la cinta y la entrada del pié.
Tres gruesas : el brazo, el muslo, y la pantorrilla.
Tres delgadas : los dedos, los cabellos, y los labios.
Tres pequeñas : las tetas, la nariz, y la cabeza.

Trois choses blanches : la peau, les dents, les mains.
Trois noires : les yeux, les sourcils, les cils.
Trois rouges : les lèvres, les joues, les ongles.
Trois longues : le corps, les cheveux, les mains.
Trois courtes : les dents, les oreilles, les pieds.
Trois larges : la poitrine, le front, l'entre-sourcil.
Trois étroites : la bouche, la ceinture, le bas de la jambe.
Trois grosses : le bras, la cuisse, le mollet.
Trois déliées : les doigts, les cheveux, les lèvres.
Trois petites : le téton, le nez, la tête.

La nature a été fort prodigue envers les dames, de ces grains de beauté dont nous venons de faire la revue. Il en est fort peu qui les réunissent tous en leur personne, sans doute; et s'il s'en trouvait quelqu'une, nous ajouterons que, sans le rayonnement de l'intelligence et l'expression du sentiment moral dans la physionomie, la perfection des formes ne fait rien perdre à la statue humaine de cette horrible vulgarité qui prive la beauté de toute lumière, du charme le plus puissant, le seul qui lui donne son véritable cachet d'idéalité.

Nous n'avons à parler ici que des femmes euskariennes, des Basquaises. Les ancêtres, il y a plus de six mille ans, leur accordaient dans la société espagnole, une haute faculté de divination poétique; elles vivaient en reines dans leurs familles, entourées d'hommages et de respects dont les femmes n'ont joui dans aucune société terrestre. Sous ce rapport, les lois et les mœurs n'ont point changé dans les provinces euskariennes des Pyrénées. De dire à nos lecteurs à quel point les Basquaises sont toujours belles, nous laissons ce soin à M. L. J. Larcher, auteur de la publication qui a pour titre : *La Femme jugée par les grands écrivains des deux sexes.*

« Les plus belles femmes de l'Europe sont
» dans la Biscaye espagnole, dans le comtat
» Venaissin, et surtout à Avignon et dans la
» Grèce. Mais les Biscayennes me paraissent
» mériter la préférence. Celles-ci sont assez
» grandes et très-bien faites; elles sont d'une
» blancheur d'albâtre; elles ont le plus beau
» teint du monde, des couleurs admirables,
» un air de fraîcheur qui charme et une viva-
» cité piquante. Ajoutez à cela des yeux
» grands et bien fendus, des sourcils noirs et
» bien fournis, assez d'embonpoint pour

» plaire, et vous aurez le portrait exact et fi-
» dèle d'une belle Biscayenne. »

Qui dit Biscayenne, dit Guipuzcoane et Navarraise ; et l'auteur que nous avons cité n'a fait ; ici, que borner à la Biscaye une remarque depuis longtemps faite, et applicable à la beauté des femmes, dans toutes les provinces du pays euskarien.

CHAPITRE XV.

Les Pyrénées.

La Péninsule hispanique et l'ancienne Gaule ont porté primitivement le nom euskarien d'*Ibérie* : la chaîne des Pyrénées les sépare; une ligne dirigée par les sommités des montagnes, en suivant la chute des versants et le partage des eaux, forme les points actuels de cette division ; mais elle n'est point régulièrement tracée, attendu que les sommets les plus élevés des Pyrénées n'appartiennent point à leur crête centrale, et s'élancent fréquemment des ramifications voisines et des chaînons parallèles et latéraux.

Dans les Pyrénées orientales, les pics d'Ossau, de Bigorre, de St-Barthélemy, le Roc-Blanc, le Canigou, s'avancent dans la plaine française, où leur pyramide apparaît plus haute et grandiose par son isolement ; la Maladetta, la Punta de Lardana, le Mont-Perdu rentrent fort avant dans le territoire espagnol : la ligne des frontières, qui se dirige sur les points moins élevés du centre, offre ainsi des déviations et des irrégularités.

Dans les Pyrénées occidentales, les vallées de la Bidassoa, du Bastan et une partie de celle de Luzaïde, appartiennent au pays basque-espagnol, quoique situées sur le versant septentrional.

La chaîne des Pyrénées semble se plonger à l'est dans la Méditerranée ; elle se perd à l'ouest dans l'Océan, à la pointe de Figuier, près Fontarabie. Ces deux terminaisons ne sont qu'apparentes. Les Pyrénées orientales se rattachent aux Alpes par la montagne noire et les Cévennes. Les montagnes occidentales qui aboutissent à la pointe de Figuier sont une branche latérale, un contre-fort de la grande chaîne ; elles s'en détachent au fond de la vallée du Bastan, près d'une antique abbaye, avec le mont Atchiola, qui donne son nom euskarien à ce chaînon. De là, les Pyrénées, traversant le Guipuzcoa et la Biscaye, se partagent en deux ramifications principales, dont l'une se prolonge jusqu'au cap d'Ortégal, en Galice, et l'autre jusqu'au cap Finistère.

Les Pyrénées ne sont donc point isolées dans la structure du globe terrestre, comme l'observation superficielle pourrait le faire croire d'abord ; elles appartiennent, en réalité géogénique, à cette large ceinture de montagnes qui, de l'ouest-sud-ouest à l'est-nord-est, embrasse tout l'ancien continent, jusqu'aux confins de l'Asie : elles se posent presque transversalement dans ce système granitique, en formant avec le méridien un angle d'environ 112°.

Les Pyrénées orientales se terminent vers le pic de Mauberme, dans la vallée de la Garonne, où ce beau fleuve prend sa source. La chaîne occidentale acquiert sa plus grande élévation, à son point de départ, entre les vallées d'Aran et d'Ossau. Le pic d'Aïnhie domine ces vallées pittoresques, habitées par des peuplades de belle et vaillante race, que l'on pourrait facilement confondre avec les Basques, si leur patois béarnais ou roman ne les rapprochait des Gascons. Les Basques-Souletins et les Navarrais appellent le pic d'Aïnhie *Ahuñe-mendi*, montagne du chevreau, dénomination qu'ils appliquent à toute la chaîne des Pyrénées.

Le pic d'Aïnhie n'a que douze cents toises d'élévation au-dessus du niveau de la mer, et conserve, toute l'année, sa robe de neige, quoique les observations barométriques de Ramond aient déterminé à quatorze cents toises la hauteur des neiges perpétuelles dans les Pyrénées, pour les cimes tournées vers le nord. Des roches bizarrement hérissées forment son diadème et défendent l'entrée de son glacier. L'imagination des bardes euskariens a fait de cette hauteur inaccessible le séjour enchanté des fées et des péris : là brille un ciel constamment serein, vivifiant, par sa rosée, la verdure et les fleurs qu'entretient, sous de riants boccages, un printemps éternel : là des concerts aériens, des chants joyeux, des danses légères ; tandis que les vents sifflent dans la profondeur des vallées, et que les esprits malfaisants, portés sur l'aile des grues, errent en hurlant le long des collines, à travers l'épais brouillard d'où la neige se détache en flocons.

Voyez-vous étinceler la cime d'*Ahuñemendi*, et ses blocs argentés emprunter au soleil des reflets éblouissants ? Ce n'est point un glacier, dont les clartés attirent vos regards, mais le palais enchanté de *Maithagarri*, la plus jeune et la plus séduisante des péris ibériennes. Une ceinture magique presse la taille svelte de la jeune fée, et fixe les plis de sa robe d'azur parsemée d'étoiles ; un cerceau diamanté retient sa blonde chevelure, et brille sur son front, avec moins d'éclat que le feu divin de ses yeux bleus; une lance d'argent arme son bras délicat; un daim agile est son coursier. Nous avons raconté ailleurs les amours de *Maithagarri* et du beau Luzaïde, pâtre euskarien, que la jeune fée trouva endormi sur l'herbe, au bord d'un ruisseau, et qu'elle enchaîna de lianes et de fleurs, pour le transporter dans ses bras, jusqu'à son palais magique, avant de le réveiller.

Cette fiction rappelle les aventures d'Armide; elle date du dix-septième siècle, selon toute apparence, et semble appartenir à quelque poète contemporain d'Oihenart, l'historien des deux Vasconies. La poésie euskarienne, l'inspiration des vrais bardes de la montagne, n'a jamais ce tour mythologique. Ne confondons pas les Pyrénées avec les Alpes, et l'Ibérien primitif avec les Grecs, les Latins et l'Italie de la renaissance.

Les habitations des Basques, éparpillées le long des rivières, sur le penchant des collines et dans les profondeurs des bois; la richesse de la végétation, la variété des sites; l'aspect pittoresque des montagnes, cultivées aujourd'hui jusqu'à leurs sommités; un air de vie, de liberté, de plaisir, animant tous les paysages, et la magie des souvenirs historiques, font des Pyrénées occidentales une contrée des plus intéressantes.

Le climat y est tempéré, mais très-variable : le voisinage de l'Océan communique à l'air une agréable fraîcheur, que le souffle brûlant du *solano* (en euscarien *hegoa*, vent du sud-est) remplace à l'approche des équinoxes et des solstices. Les vents d'est et de nord-est s'y font sentir rarement; ils rendent l'air plus frais et plus pur, et font briller le ciel du plus vif éclat pendant la sérénité des belles nuits d'automne. Le vent du sud-ouest interrompt la sécheresse de l'été par de violents orages qu'il apporte sur son aile; les sommets des Pyrénées, qui leur servent de conduits électriques, concentrent leurs explosions rapides; la foudre éclate sur les rochers insensibles et frappe les déserts, tandis que l'ondée chaude et brillante fertilise les vallées : l'orage gronde et se dissipe en quelques heures; mais il est quelquefois suivi de jours pluvieux.

L'automne est presque toujours magnifique dans les Pyrénées; les hivers, quelquefois très-rigoureux, n'y manquent point de beaux jours; les longues pluies n'y règnent qu'au printemps : cette saison se termine quelquefois par des gelées tardives et piquantes; elle est troublée par des orages précoces, dont l'hiver lui-même n'est pas exempt.

La nature a rassemblé dans les Pyrénées occidentales toutes ses richesses; elle y multiplie ses oppositions et ses contrastes, en mêlant à la fois les saisons et les climats : la température y est exposée aux transitions les plus subites ; souvent, au déclin du plus beau jour, l'horizon se couvre d'un voile sombre, la pluie tombe toute la nuit, et le matin, le soleil se lève resplendissant, dans un ciel redevenu serein : image de la beauté, qui brille d'un nouveau lustre après avoir séché les pleurs qui l'inondaient.

La végétation des Pyrénées n'est pas moins riche et variée ; elle peint le climat, avec sa mobilité, ses contrastes, ses couleurs fantastiques, ses mille nuances, qui, tantôt se fondent harmonieusement, tantôt ressortent vives et tranchées par leur opposition. Les brusques accidents de terrain et la différence des expositions rapprochent toutes les espèces, tous les genres ; on y voit croître les plantes aquatiques à côté des plantes alpines, et de celles que produit un sol aride et calciné ; — les saxifrages, la campanule, le canillet moussier, l'aconit, les superbes liliacées, les ellébores, les valérianes, les tithymales, la gentiane, l'origan, la germandrée, l'euphrasie, le souchet long, la tormentille, la sensitive, la clématite, le calament, la petite sauge et la grassette des Alpes, la digitale pourprée, la mandragore, l'arnica.

La Flore des Pyrénées occidentales cite, avec distinction, parmi ses amants les plus studieux et les plus infatigables, Tournemine, Palassou, Picot-de-Lapeyrouse et Ramond (*).

La classe des mammifères qui disputent à l'homme le séjour et la possession des Pyrénées est fort nombreuse. Sans compter le lynx, devenu rare, et la martre qui se cache au fond des bois, l'on y rencontre l'écureil, la belette, le hérisson, le blaireau, le lièvre, la loutre. Le loup et le renard, hôtes vauriens et destructeurs, foisonnent, quoique leur tête soit mise à prix. La chasse au sanglier dédommage le Basque des dégâts que cet animal fait dans les plantations de maïs.

La famille précieuse des ruminants fournit le cerf, le daim, le chevreuil, le bouquetin, devenu très-rare, avec ses grandes cornes noueuses, repliées en arrière; l'isard ou chamois, joli animal dont les petites cornes droi-

---

(*) On peut ajouter à ces noms celui de Gaston Sacaze; nous y joindrons celui de M. Ulysse Darracq de St-Esprit, dont le cabinet d'histoire naturelle est visité par tous les voyageurs studieux.

M. Darracq s'est livré à des recherches très-complètes sur la Flore des environs de Bayonne. Ce riche travail a déjà paru, sous forme de *Notice*, à la suite de l'intéressant ouvrage de M. F. Morel, intitulé: *Bayonne, vues historiques et descriptives*. Nous devons un remerciment public à M. Darracq, qui nous a permis de mettre sa *Notice* à contribution, pour en extraire la Flore des arrondissements de Bayonne et de Mauléon.

tes se terminent en crochet pointu ; sa lèvre supérieure est légèrement fendue, il n'a point de larmier comme les cerfs et les antilopes, et sa conformation le rapproche de la chèvre.

Dans l'absence de plus formidables quadrupèdes, l'ours est le roi des forêts et des montagnes dans les Pyrénées : l'ours noir frugivore y est plus commun que l'ours brun carnassier : l'un et l'autre ne se montrent, le jour, que pendant la belle saison ; le premier se nourrit de mûres, de raisin sauvage et de fraises parfumées, qui tapissent jusqu'à la fin de l'automne les rochers exposés au midi ; son régal le plus friand est un miel grossier, coulant en ruisseaux le long des fissures de quelques roches pyramidales, où les républiques d'abeilles se sont établies séculairement, par milliers d'essaims, sans craindre que jamais la main de l'homme vienne leur ravir, dans cette patrie inaccessible, les trésors de leurs ruches trop pleines.

Le grand aigle, brun fauve, est le plus remarquable des oiseaux sédentaires des Pyrénées ; il vit solitaire et taciturne, bien différent en cela du petit aigle criard, au plumage gris de fer, tacheté de noir et de blanc. Le nom du roi des oiseaux, en euskarien *arrano*, indique son habitude de se percher sur les rochers les plus sauvages ; c'est là qu'il établit son aire et règne en souverain.

Tous les oiseaux fuient les sites que l'aigle fréquente ; seule plus étourdie ou plus confiante, la spipolette s'y montre pendant l'été; elle vient becqueter, sur les gazons décolorés, la terre fraîche qu'une variété de taupes fauves rejette en creusant ses galeries, à la proximité des glaciers.

Les Pyrénées, situées entre la Méditerranée et l'Océan, sont un point de repos naturel pour les tribus d'oiseaux voyageurs qui dirigent leurs migrations annuelles tantôt vers le nord, tantôt vers le midi ; la chaîne occidentale, moins aride, attire de préférence ces hôtes passagers, que la diversité de leur instinct, de leur chant et de leur plumage, rend si intéressants à observer. Les chasses auxquelles les montagnards se livrent avec ardeur fournissent un trait de plus aux scènes magnifiques que l'ami de la nature ne peut se lasser d'admirer.

Dès le printemps, les hirondelles de mer remontent les rivières qu'elles effleurent d'une aile rapide, suivies par les goëlands, les mouettes, les coupeurs d'eau, dont le nid repose sur les rescifs de l'Océan ; la huppe se montre bientôt, à la pointe des bruyères qui commencent à verdir, et chante, en hérissant les plumes de sa jolie crête; le coucou devance, dans les bois, la naissance des feuilles, et fait entendre les deux notes de son couplet monotone, répété par les enfants du village et par l'écho.

L'été vient, et, de retour, le brillant loriot défie les merles par des sifflets joyeux et cadencés : la nature se réveille et s'anime ; les forêts ont repris leur verdure, et la grande voix des Pyrénées, élevant ses harmonies, proclame la saison d'amour. Les vautours, exilés par l'hiver, reviennent en foule aux montagnes : le barbu prend un essor puissant, avec ses larges ailes, dont l'envergure dépasse celle même du grand aigle ; l'arrian, à tête chauve, descend dans les profondeurs des ravins et plane sur les eaux.

Avec l'automne arrivent les mûriers, les bec-figues, les étourneaux, les grives, les cailles ; tandis que, sur les genêts dorés et les buissons jaunis, les rossignols, les linottes, les chardonnerets et toutes les familles d'oiseaux chanteurs, volent par troupes nombreuses, s'appellent vivement, et s'assemblent ; puis redoublent en chœur des refrains d'adieux, pour aller chercher au loin, un autre printemps et d'autres amours.

Le ramier bleu, qui joue un si grand rôle dans les improvisations des bardes euskariens et dans les fables de la cosmogonie de ce peuple, arrive dans les Pyrénées en septembre. Les naturalistes regardent ce bel oiseau comme la souche des pigeons domestiques; rien n'égale la rapidité de son vol bruyant; il est impossible de se faire une idée du fracas qui accompagne ces oiseaux, lorsqu'ils s'abattent par milliers dans les grandes forêts de hêtres: hôtes inoffensifs, devenus le symbole de l'innocence et de la douceur. Ils vivent de faîne; leur chair fournit alors un manger délicat, et les chasseurs leur apprêtent mille morts.

La chasse la plus amusante se fait avec de grands filets tendus à l'extrémité d'un vallon; le choix du site et l'habileté des chasseurs concourent à la rendre plus ou moins heureuse; les produits en sont assez lucratifs pour faire de chaque *pantière* une propriété importante et privilégiée. L'épervier et le hobereau sont les seuls oiseaux de proie que le ramier doive craindre; la vitesse de son vol le met à l'abri de tous les autres. L'épervier s'élance de terre perpendiculairement, et se renverse sur le dos pour saisir sa victime, qu'il frappe de son bec tranchant et de sa poitrine osseuse; les ramiers, instruits par l'instinct, évitent son atteinte en abattant subitement leur vol.

L'idée de la chasse aux filets est fondée sur cette observation. Les chasseurs se postent sur les collines, dans un rayon de demi-lieue, à portée des filets, armés de raquettes blanches dont la forme imite un épervier: leurs yeux perçants ne se détachent point de l'horizon, où d'imperceptibles vapeurs leur font reconnaître chaque volée de ramiers, plus de vingt minutes, souvent, avant son approche; ils s'avertissent mutuellement par des cris et des signaux, lancent leurs raquettes avec tant d'intelligence et d'à-propos, qu'ils manquent rarement de faire prendre aux ramiers la direction fatale. L'instant solennel est celui où les timides oiseaux, se pressant en colonne, d'un vol étourdissant que la terreur précipite, donnent tête baissée dans les filets, qui tombent pour les envelopper.

Tous les ramiers pris vivants sont vendus, mis en volière, et garnissent la table du Basque pendant l'hiver; ceux que l'on sert en automne sont tués à coups de fusil, et n'en sont, dit-on, que meilleurs: on se sert, pour les attirer, d'appeaux vivants auxquels on a cousu la paupière, avec un fil de soie, ou crevé les yeux.

Les Basques, au temps d'Henri IV, à l'époque où la chasse était défendue au peuple, dans toute la France, sous peine de mort, étaient regardés comme une nation noble et une race de gentilshommes; ils avaient droit de chasse et de pêche dans leurs montagnes.

C'est avec ce mot de *noblesse* qu'ils faisaient respecter à la monarchie féodale leur indépendance et les priviléges de leur liberté. Les Basques de France, au moyen âge, chassaient les ramiers au hobereau, et toute espèce de gibier au faucon. Le ramier ou la blanche colombe tombant entre les serres du gerfaut, est l'image favorite des victoires de l'amour, ce grand corsaire, dans les chansons des bardes euskariens.

La venue des oiseaux voyageurs dans une contrée est déterminée par la maturité des fruits dont chaque espèce se nourrit. Les uns arrivent, aux Pyrénées, à l'ouverture des moissons; les autres dans la saison des vendanges. Les grues forment l'arrière-garde de la migration; mais, dirigeant leur vol au-dessus des régions que l'aigle fréquente en été, ces oiseaux passent sans s'arrêter, à moins que le mauvais temps et les brouillards ne dérangent leur ligne de bataille et ne les forcent à descendre. Le héron, la sarcelle, le canard sauvage, l'oie sauvage, l'outarde et la cigogne séjournent, dans les Pyrénées, une partie de l'hiver.

Il est un oiseau voyageur plus fameux et plus rare; c'est le cygne sauvage, que sa petitesse distingue du cygne domestique, et que la conformation singulière de la trachée-artère et du bréchet classe parmi les oiseaux chanteurs. Les observations faites par Mongez à Chantilly ne permettent pas de douter que les Anciens furent véridiques dans la tradition du cygne qui chante. Picot-de-Lapeyrouse en a disséqué quelques-uns; ils n'apparaissent dans les Pyrénées que de siècle en siècle, durant les hivers les plus rigoureux.

Plus de cent fleuves et rivières prennent leur source dans les Pyrénées occidentales et traversent les Provinces Basques, tant de France que d'Espagne, en suivant les mille contours et les sinuosités des vallées, pour se jeter dans l'Èbre, l'Adour ou l'Océan; les torrents qui viennent les grossir sont innombrables: leurs eaux sont belles et d'une extrême limpidité, les rochers dont elles jaillissent en abondance se trouvant à l'abri des éboulements qui rendent si fangeux les glaciers des Alpes.

Le naturaliste Palassou attribue à la chute des torrents et à l'action érosive des eaux l'excavation des vallées des Pyrénées. Nous avons combattu, dès 1836, le système neptunien, et nous croyons en avoir démontré la fausseté. La fable euskarienne du Grand-Serpent (le feu central) et de l'Œuf-Monde nous avait mis sur la voie de la géogénie que les progrès de la géologie contemporaine commencent à établir. Cette théorie, pour nous primitive, traditionnelle, historique, repose sur une idée, sur un fait fondamental: que le relief des Pyrénées et la disposition de leurs vallées sont dus à un soulèvement, à des éruptions volcaniques. Pour en parler dans l'Itinéraire, il faudra transporter le lecteur sur quelque haute cime, d'où nous verrons d'un coup d'œil, avec lui, les Pyrénées, et à leur pied l'Océan.

CHAPITRE XVI.

Les Barétous.

La vallée béarnaise des Barétous, traversée par la route d'Oloron à Tardets, se termine à la commune de Montory, où l'on parle béarnais, quoique Montory ait toujours fait partie de l'ancienne province de Soule. Les mœurs des habitants de cette vallée, plus riante et fertile que ne sont les autres vallées du Béarn, en remontant vers l'est avec la chaîne des Pyrénées, leurs habitudes et leur caractère les font ressembler aux Basques-Souletins. Le béret du Souletin est brun, comme celui du Béarnais, et non pas bleu, comme le béret du Bas-Navarrais et du Labourdin. Cette couleur brune prouve seulement, que la bonneterie d'Oloron fournissait leur coiffure aux Basques du voisinage. Les maisons souletines sont construites à peu près comme celles du Béarnais, avec des toits de forme pyramidale, recouverts en bardeaux de chêne ou en ardoises. Les toits presque en terrasse, que l'on remarque dans une partie de la Basse-Navarre et du Labourd, ont au contraire une forme aplatie, de lourdes tuiles, pour mieux résister à la violence des vents de mer, n'étant point abrités par les hautes montagnes de la partie est de la chaîne, à mesure que l'on se rapproche de Biarritz et de l'Océan.

Une autre remarque que l'observateur fait dans le voisinage des provinces euskariennes, c'est que les femmes y sont traitées avec plus d'égards que partout ailleurs, et jouissent de tous les priviléges d'une dame et maîtresse de maison, comme la Basquaise. On ne les voit point se livrer presque exclusivement aux rudes travaux de la culture des terres, et revenir souvent, de la forêt, le dos chargé de ramée, pliant sous un lourd fardeau, tandis que de beaux hommes au teint frais, aux joues colorées, tricotant des bérets, regardent paître des troupeaux de brebis et de moutons sous la garde des chiens, et mènent une vie florianesque, en conversation poétique avec les échos, pour lesquels ils chantent les romances plaintives de Despourrins, ou les couplets spirituels de Navarrot, le Béranger béarnais. Cette vie de quelques hautes vallées du Béarn n'est point celle des habitants du Barétous ; ils se comportent avec leurs femmes comme les Basques. Les habitants de Montory, malgré leur patois, appartiennent à l'ancienne province de Soule ; ce village est le seul village béarnais où nous ayons vu exécuter la fameuse *mascarade souletine*, pendant le carnaval : exercice dont ils ne s'acquittent pas trop mal, mais avec beaucoup moins de perfection que les Basques-Souletins, les plus élégants et les plus hardis danseurs des sept provinces euskariennes.

Les Souletins sont aussi les seuls Basques à peu près, chez qui l'on s'amuse à célébrer des charivaris dramatiques, accompagnés de scènes comiques, dignes quelquefois d'un théâtre plus relevé, et de satiriques improvisations où la verve malicieuse des bardes illettrés le dispute souvent aux couplets les plus spirituels du vaudeville français. Les Basques-Souletins sont enfin les seuls qui aient eu l'art de créer, il y a de cela bien des siècles, à l'imitation du théâtre grec et latin, une sorte de tragédie nationale en plein vent, dont il sera parlé un peu plus loin. Quant à danser, ils y sont maîtres. Si les Français ont fait le proverbe : *Courir comme un Basque*, les montagnards en ont dit un autre : *Danser comme un*

Souletin. Et s'il est vrai, ce que dit Voltaire, que les Euskariens sont un petit peuple qui saute et danse au haut des Pyrénées, l'éloge des Souletins sous ce rapport est complet.

Mais, s'il est encore hors de doute que les Souletins à la voix douce, au dialecte harmonieux et mignard, ont des formes courtoises et un langage aristocratiquement poli, ils n'en sont pas moins énergiques pour cela, violents même, quand on les y pousse ; il y a des quarts-d'heure où ils ne se ressemblent pas du tout. Tout en se piquant de bien chanter et de bien danser, ils se battaient à toutes armes, envers et contre tous, au moyen âge. L'histoire relate que les Béarnais du voisinage, d'accord avec eux, se rendirent quelquefois complices des coup de main qu'elle leur reproche.

A une époque que nous ne saurions préciser, que Marca, le docte historien du Béarn n'indique point, et pour des motifs que l'on ignore, il y eut guerre déclarée entre les Barétous et les Souletins d'une part, et de l'autre, les Navarrais espagnols des vallées de Roncal et de Salazar. Le drame se rattache à la vie pastorale des montagnards. Il y eut, sans doute, de part ou d'autre, saisie de quelque troupeau de bétail, surpris à brouter l'herbe menue hors des limites qu'il lui étaient défendu de franchir. De là combats. La paix faite, par l'intervention d'un tribunal que l'histoire ne fait pas connaître, Souletins et Barétous furent condamnés à payer chaque année à leurs bons voisins de Salazar et de Roncal un tribut de trois génisses. Voici comment s'effectue le paiement du tribut.

Le 13 juin de chaque année, un Béarnais, deux Souletins, et trois Navarrais espagnols se rendent au rocher d'Arnace, situé au haut des Pyrénées.

Ce rocher marque la limite séparative de la France et de l'Espagne. Il divisait, au moyen âge, comme il le fait encore aujourd'hui, le territoire des Basques cis-pyrénéens d'avec la Navarre espagnole. La ligne des frontières, en suivant la même direction, sépare du Béarn le haut Aragon ; de sorte que le rocher pittoresque d'Arnace forme un point culminant d'où l'on aperçoit en grande partie les diverses contrées, provinces et royaumes que nous venons d'indiquer. Les trois députés français et les trois députés espagnols, armés comme en temps de guerre, s'avancent vers le rocher d'Arnace, chacun de son côté, avec lenteur, avec un air de précaution et de gravité, comme gens qui s'attendent à voir paraître des adversaires avec qui l'on pourrait bien en venir aux mains. Aussitôt que les Français se montrent aux Espagnols, l'un des Navarrais crie d'une voix forte :

— Arrêtez ! Que nous apportez-vous, la paix ou la guerre ?

Il répugne singulièrement aux Basques-Souletins de parler de paix à des rivaux qui peuvent vouloir préférer la guerre. A la question des Haut-Navarrais, faite d'un ton pour le moins aussi arrogant que celui de Fabius devant le sénat de Carthage, ou celui d'Argant devant les chevaliers de Godefroy de Bouillon, les Souletins se contentent de sourire, laissant au député béarnais le soin de répondre aux Espagnols dans le patois de sa province :

— « *La patz, la patz* ! La paix, la paix.

Déjà les montagnards sont en face les uns des autres. L'un des Navarrais, selon qu'il est armé, incline sa pique, sa lance, son fusil ou son épée vers la ligne séparative des deux royaumes ; il pose cette arme sur le gazon, la pointe tournée du côté de la France. De son côté, l'un des Souletins laisse tomber son arme sur celle du Navarrais, de manière à figurer une croix sur la limite des deux empires. Ces préliminaires étant achevés dans un religieux silence, les députés montagnards se découvrant, mettent un genou à terre, posent la main droite sur cette croix improvisée, et prononcent un serment, dont le lecteur curieux pourra aller prendre les termes, le 13 juin de chaque année, au pied du rocher d'Arnace ; car le singulier spectacle que nous venons de décrire se renouvelle tous les ans avec une fidélité traditionnelle déjà décrite par le docte Marca, dans son histoire du Béarn, il y a près de trois cents ans.

Après le serment d'usage, les montagnards se relèvent, se saluent courtoisement, se parlent en amis. L'un des députés basques donne le signal; aussitôt, trois jeunes Souletins sortent des bois qui ombragent le bas de la colline, menant en laisse les trois génisses du tribut couronnées de fleurs. La loi du tribut exige qu'elles soient toutes trois du même âge et de même poil, sans tache ni tare, comme les victimes destinées à tomber sous le couteau des sacrificateurs. Et la vérité est que les belles génisses ont la même destination.

Il est mille circonstances où les Basques des deux royaumes, en signe de contentement public, célèbrent d'immenses festins, par villages et par tribus. Ainsi vont les mœurs euskariennes, surtout en Espagne; et les bœufs entiers rôtis en plein air, les chapons gras, les tendres agneaux cuits en broche, les poissons de mer et de rivière, tous les hors-d'œuvres des noces de Gamache forment le menu de ces festins, suivis de chants et de danses. Les Basques, ce tout petit peuple dont l'ambition des grandes nations voisines fit, pendant plus de vingt siècles, un peuple martyr, sont braves sans doute, opiniâtres, héroïques, mais surtout joyeux et bons festineurs. On a dit des Navarrais, *grandes comilones*; mais on peut faire le même compliment aux habitants des autres provinces, qui ne montrent pas moins de gaîté qu'eux dans un festin. La fête d'Arnace est quelquefois accompagnée d'une sorte de foire et marché public, où Français et Espagnols échangent leur argent et leurs produits; les articles pittoresques de ces transactions commerciales consistent en bagues, colliers, pendants d'oreille, jarretières et petits gâteaux, que les jeunes montagnards offrent galamment à leurs fiancées.

La grande question, avant tout, est de savoir si les Navarrais-Espagnols accepteront les génisses qu'on leur amène en tribut: le lecteur conçoit parfaitement qu'il est facile aux examinateurs de trouver ou de supposer une petite tache, une tare quelconque, lorsqu'on a l'intention de faire de cette découverte un prétexte à de nouvelles hostilités. Les montagnards sont formalistes ; et l'on ne sait guère à quoi s'en tenir avec eux jusqu'à leur dernier mot.

L'usage veut que l'examen des trois génisses soit fait sur la ligne même de la frontière hispano-française, sur laquelle on les fait avancer, de manière à ce qu'elles aient la moitié du corps en Navarre et l'autre moitié sur le territoire souletin. L'examen ayant été fait avec les circonstances et les formalités qui caractérisent le génie ombrageux et provocateur des montagnards, surtout quand les querelles menacent de se raviver et qu'ils se méfient les uns des autres ; les Navarrais, en temps de paix, se déclarent satisfaits. Ils amènent gravement le tribut accepté et attachent les trois génisses à quelque arbre voisin, à l'aide de longues tresses d'osier : l'osier en pareil cas est toujours préféré aux cordes.

Bons Navarais-Espagnols! Salazariens, Roncalois intrépides! dont les ancêtres obtinrent tant de glorieux priviléges par leurs hauts faits d'armes contre les Musulmans! vous connaissez l'astuce du Souletin et le tranchant de sa hache : vos cadavres ont jonché sa vallée, votre sang a coulé en ruisseaux sous sa main: vous savez l'endroit où il fut répandu, et les creux de rocher, coupes sauvages, qui en furent remplis jusqu'aux bords, dans cette affreuse guerre de limites et de pâturages, séculairement produite par la séparation des tribus! Les bardes ont chanté la mêlée qui se fit, et la façon dont on vous coupa la retraite, au sortir de la vallée de Soule où vous étiez entrés : il y eut à dévorer et à boire, sang de frères et chair humaine pour les vautours, ce jour-là! Ne vous fiez pas aux génisses du tribut que l'on vient de vous remettre; elles sont souletines. Qui nous dit qu'elles ne sont pas habituées à manger du sel dans la main de quelqu'un, garçon ou jeune fille; qu'elles n'ont pas appris à courir au sel, au son d'une voix bien connue? Qui nous répond que l'appel de cette voix ne leur sera pas fait par quelque écho des montagnes, le 13 juin?

Alors, vous les verrez sauter, bondir, secouer violemment leurs liens pour s'échapper, et les briser peut-être! Avez-vous bien examiné les tresses d'osier qui les retiennent? Et si quelque petit couteau avait pratiqué, par-ci, par-là, des entailles cachées sous l'écorce; si les génisses, pendant que vous êtes en courtoisie et conversation paisible avec le Béarnais et les Souletins, — si les génisses repassaient la frontière et gagnaient la terre de France, que diriez-vous, que feriez-vous, qu'arrivera-t-il?

Il arrivera, lecteur, ce qui est arrivé plus d'une fois.

— Souletin, il y a de la ruse en ceci!

— Et pourquoi pas, Roncalois, si elle est de bonne guerre?

(Tout le monde sourit).

— Vous nous devez encore trois génisses.

— Cela, non; le tribut vous a été bien et dûment payé; vous l'avez examiné, accepté.

— Les génisses ont disparu.

— Le loup les a peut-être mangées. Il fallait veiller sur elles et sur lui.

— Je soupçonne qu'elles ont repris le chemin de la France.

— Je n'en sais rien, je l'ignore, et je ne les ai pas revues. Je ne suis pas tenu de les chercher, ni de vous apprendre ce qu'elles ont pu devenir.

— Souletin, nos génisses sont revenues à leur premier bercail; elles se trouvent tout-à-l'heure en terre de France.

—Je n'en peux mais. Si les génisses se trouvent par miracle en terre de Soule, elles ne sont plus vôtres, elles sont miennes; il les fallait mieux garder. Le tribut une fois payé, les Barétous et la province de Soule ne doivent plus rien aux vallées de Salazar et de Roncal. Vous êtes de trop bonne foi pour vouloir dire ou penser le contraire. »

Rire général : on échange de nouvelles poignées de main. Le Salazarien s'extasie plus que jamais sur l'esprit de ruse que l'on accorde aux Béarnais et aux Souletins. Entre bons voisins qui ne se réunissent que pour banqueter ensemble et cimenter ainsi une paix plus ou moins durable, les incidents du genre de celui que nous avons raconté ne peuvent jamais être qu'un sujet de bonne plaisanterie, et un moyen d'entretenir la gaîté de la réunion montagnarde. La fuite des victimes expiatoires qu'il s'agit d'immoler pour le régal, produit néanmoins ce résultat, qu'elle permet aux députés cis-pyrénéens de faire les honneurs du banquet à leurs amis d'Espagne.

Nous regrettons de n'avoir que des histoires champêtres à raconter, des scènes pastorales à peindre à nos lecteurs de salon; mais les luttes sanglantes entre montagnards, à l'occasion de la délimitation des frontières internationales et des pâturages, la paix faite, le tribut des trois génisses, la manière de le payer; tout cela ne nous a pas paru trop indigne d'attention : de semblables détails, racontés tant bien que mal, servent à faire connaître les mœurs et le caractère d'un peuple.

CHAPITRE XVII.

Le Jugement de Dieu.

Les Basques-Souletins ont vécu, jusqu'à l'année 1789, sous l'empire d'une *Coutume* rédigée au temps de François Ier, expression fidèle des usages traditionnels de leurs ancêtres.

Ce code renferme un singulier tarif des coups et blessures, en matière de querelle entre particuliers : tant pour un coup de javeline, de hache, de pique, de lance, de dague ou de poignard. La quotité de l'amende variait suivant la gravité des coups : des jurés-experts étaient préposés pour sonder la profondeur des blessures, mesurer leurs dimensions.

Quiconque serait curieux de voir la marque d'un sabre navarrais plongé jusqu'à la garde dans une poitrine d'homme, la trouvera exactement dessinée sur une page du code souletin.

Les duels par procureurs et champions furent en usage, à une certaine époque, dans les démêlés de province à province, entre montagnards. Un traité conclu entre le vicomte de Béarn et le pays de Soule porte que les Basques-Souletins prévenus de vol ou de meurtre commis sur le territoire béarnais, auraient la faculté de purger l'accusation par le duel ou par le serment, à leur choix.

La conscience des Souletins redoutait volontiers l'épreuve du serment, qui devait être fait la main sur l'évangile ou sur une châsse de saintes reliques : ils préféraient défendre leur innocence l'épée à la main. Mais il paraîtrait que les Béarnais avaient quelque raison de ne pas vouloir que ce duel ou Jugement de Dieu se fît dans le pays basque : ils demandèrent qu'il eût lieu en Béarn ; ce qui fut accordé.

Il paraîtrait encore que, lorsque les champions basques avaient le dessous (ce que Dieu permettait quelquefois, car le Béarnais est très-brave), les parrains du combat, qui étaient toujours nombreux, se plaignaient un peu trop haut de ce que l'air et le soleil avaient été mal partagés aux Souletins. Le Jugement de Dieu dégénérait quelquefois en une bataille de diables.

Le traité mentionné décide qu'à l'avenir tels combats auront lieu sur le territoire de Béarn, et que les Basques n'y viendront jamais plus de cinquante pour accompagner leurs champions.

Cette condition est significative ; elle fait honneur à la sagesse des Béarnais (les Basques ont une impétuosité naturelle qu'il est prudent de ne pas mettre à une trop rude épreuve), et les juges du pays de Soule approuvèrent la mesure avec bonne foi et un grand esprit d'équité.

CHAPITRE XVIII.

Tardets. Santa-Clara.

Nous entrons dans l'ancienne province de Soule, en faiseur d'itinéraire, par Montory et Tardets, chef-lieu de canton, petit bourg bâti au pied d'une montagne. La chanson populaire y place une Santa-Clara ou Claire, mariée bien contre son gré à nous ne savons quel grand seigneur, roi ou prince de l'Europe. Le texte de la complainte ne s'étant jamais imprimé que dans la mémoire des chanteurs, en plusieurs éditions qui ne se ressemblent point, les couplets varient sur ce détail historique que nous n'avons pas le temps d'éclaircir. Demoiselle Santa-Clara de Tardets, à notre avis, n'a jamais été canonisée que par les bardes. Le martyrologe des jeunes jeunes filles qu'un père cruel refuse à celui qu'elles voudraient épouser est tellement vaste, qu'il est permis d'en ignorer les plus beaux chapitres, même quand ils nous sont fournis par le pays natal. Que si, par bonheur, il y avait un roi de l'histoire et une sainte du calendrier dans cette aventure, en notre qualité d'écrivain profane et qui ne veut point sortir de son ignorance sur ce point, nous déclarons que l'itinéraire de Biarritz s'en lave les mains. Mieux vaut chanter avec les bardes :

« L'oranger du château est en fleur (fleur d'innocence et symbole de pureté dans le langage des fleurs emblématiques). Le roi Trois-Étoiles a demandé (en mariage) l'une des deux oranges qu'il porte. Il lui a été répondu que les pommes d'or (orange ou citron) sont encore un peu vertes; mais qu'on aura soin de lui en garder une.

« O mon père ! vous m'avez vendue comme on vend un bœuf... »

Arrêtons-nous là, non pour dire que l'euskarien et le sanscrit traduisent le mot bœuf par le même mot, mais pour constater que le poète tardisien, quelque paysan sans nul doute, dans une petite province où les vaches tirent la charrue et où l'on n'élève guère que des taureaux, avait un certain respect pour le bœuf, rarement engraissé au profit de la boucherie souletine.

« Si ma bonne mère avait été encore en vie

ainsi que vous, je ne serais point allée dans ce royaume de Trois-Étoiles; mais je me serais mariée à la maison de Sala de Tardets. »

Ceci mérite une petite remarque. Tout jeune Basque est, avant tout, la première incarnation de la maison dont il est le maître et seigneur, et qui est son temple. L'union conjugale, dans l'esprit du Basque, est une alliance, un mariage de maison à maison : en ce sens, qui a son beau côté d'orgueil aristocratique, le barde fait dire à demoiselle Santa-Clara, qu'elle aurait épousé la maison de Sala, de préférence à une maison royale. Mais voici venir la désolation, avec miracle de cloches qui carillonnent toutes seules : ici nous devons citer le texte de la complainte :

> *Atharratzeco ceñiac*
> *Berac arrapicatzen,*
> *Andere Santa-Clara*
> *Herritic phartitzen,*
> *Hanco tchipi handiac*
> *Dira beltzez beztitzen,*
> *Haren peco zaldia*
> *Da chouriz estalzen.*

« Le beffroi de Tardets, de lui-même, sonne l'alarme. C'est que demoiselle Santa-Clara va partir de son pays : là, petits et grands s'habillent de noir. Le palefroi qui est sous elle porte une housse blanche. »

La complainte, qui ne dit pas ce que devint

Santa-Clara dans le royaume de Trois-Étoiles, n'en est pas moins chantée avec une foi vive. On donne encore des larmes au départ de cette belle Tardisienne, devenue reine malgré elle et sainte par désespoir d'amour. Tardets n'a aucune autre légende poétique. Le nom basque de cette bourgade, *Atharratze*, dit fort clairement que les Ibères ou Euskariens y mirent le feu aux genêts et aux arbustes, pour pouvoir bâtir quelques maisonnettes sur le penchant et au pied de la montagne.

Le mot *su* (prononcez *sou*), feu, qui change quelquefois le *s* en *z* par euphonie, et le mot *erra*, brûler, servent à former le nom d'une foule de villages euskariens. Les Ibères, en s'établissant dans les Pyrénées occidentales, mirent le feu aux sombres forêts qui les couvraient : Posidonius, Diodore de Sicile et Strabon parlent de cet embrasement. Ils ajoutent que l'ardeur de l'incendie ayant fondu les métaux que les Pyrénées recélaient dans leur sein, l'or et l'argent se firent jour par mille crevasses et coulèrent en ruisseaux. Le mot *Pyrénée*, d'origine grecque, rappelle, dit-on, ce grand incendie.

Le feu et l'eau fournirent aux Euskariens primitifs l'or dont ils se servaient pour faire des charrues. De *ur*, eau, ils firent le nom de l'or, *urre*, qu'ils trouvaient mêlé au sable des rivières espagnoles. La rivière Suzon ou Saison, qui traverse la vallée souletine, ne charrie pas la moindre parcelle d'or, mais elle produit d'excellentes truites, que l'on mange aujourd'hui, sans se douter de la célébrité qu'elles avaient au moyen âge. La vallée de Soule, ainsi appelée du mot latin *Subola*, et dont les habitants portent le nom de Sybillates dans la géographie ancienne et dans Pline, est appelée *Ziberua*, *Zuberoa*, *Chuberua*, par les dialectes euskariens ; ce nom rappelle les forêts impénétrables qui la couvraient, ou plutôt l'incendie qui les dévora, quand les Ibères vinrent s'y établir. *Ziberua*, si la tradition avait quelque valeur, pourrait venir de *su*, *chu*, feu, et de *Iberoa*, Ibérie ; mais c'est là une étymologie que nous ne hasardons plus qu'en tremblant.

Depuis que messieurs les bascophiles, les *Incroyables* de la littérature montagnarde, s'exercent à inventer des étymologies drolatiques, et à faire des traductions ornées de contresens et de coq-à-l'âne immortels par le ridicule, l'itinéraire de Biarritz a juré de laisser le champ libre à ces beaux esprits. La nouvelle littérature basque en est encore aux douleurs de l'enfantement et aux inconvénients inséparables de toute parturition. Là, comme partout, chez un petit peuple illettré que chacun vante à sa manière, l'on voit surgir une foule d'auteurs qui ne doutent de rien ni d'eux-mêmes, parce qu'ils ne savent rien et n'ont rien appris : ils composent d'enthousiasme ; tirant de la naïveté de leur ignorance quelque faux système adopté sans contrôle par d'autres ignorants tout aussi naïfs et non moins enthousiastes.

Il faut supporter avec beaucoup d'indulgence un petit mal qu'on ne saurait empêcher. Toutes les créations de l'esprit, au début, ont leur côté douloureux ou grotesque ; tous les enfantements sont laborieux, nébuleux : c'est la pauvre nature humaine en travail. En ce moment, les bascophiles en bas âge sortent en foule de dessous terre, et l'horizon de la philologie cuskarienne est comme les montagnes pendant l'orage : laissons passer cette pluie de grenouilles littéraires, cette grêle de petits crapauds.

CHAPITRE XIX.

Jusqu'à Mauléon.

De Tardets à Mauléon, la route qui conduit à cette petite ville et la rivière Saison vont presque parallèlement, en traçant vers la gauche une courbe insensible : la distance de Tardets à Mauléon n'est que de douze kilomètres. A la fonte des neiges sur la haute montagne, au printemps, les torrents qui en descendent vont grossir le Saison et le font déborder le long d'un *saligar* (pardon pour le gasconisme de ce mot peu académique) mi-parti d'oseraies, de prairies et de champs cultivés. La rivière, qui roule avec une force incroyable à cette époque, son sable et ses galets arrondis, change de lit annuellement sur une multitude de points. Dieu sait les dégats qu'elle fait et la belle frayeur de ses ponts-traversants, qu'il faut périodiquement réparer, quand elle veut bien ne pas les noyer tout d'une pièce et qu'elle se contente de n'en emporter qu'une partie. En 1793, un ingénieur de bonne volonté offrit d'encaisser le Saison, d'un peu plus haut que Tardets jusqu'à Mauléon, et demanda en échange la propriété des terrains sablonneux que dévaste la rivière. Le marché ne fut point accepté; il est permis de croire que les communes intéressées à l'encaissement firent en cela une sottise. Le trajet de Tardets à Mauléon se ferait aujourd'hui en bateau, avec une rapidité presque égale à celle du chemin de fer. Toute la haute Soule, appelée en euskarien *Basaburia*, bout-sauvage (*buru*, *puru*, tête, est un mot à la fois euskarien et sanscrit), ou plutôt, la vallée entière aurait gagné à cette amélioration d'utilité publique; les communes riveraines du Saison n'y auraient rien perdu.

Nous sortons de Tardets. A droite, les ruines d'un petit castel-forteresse dont le propriétaire était partisan de la maison de Foix et d'Albret, avec les Agramontais : Vive Grammont!

A un quart de lieue de là, le factieux de Troisvilles penchait pour Ferdinand-le-Catholique et Isabelle d'Aragon, portés au trône de Navarre par le parti des Beaumontais : Vive Beaumont, comte de Lérins!

Peut-être avons-nous interverti les rôles des

deux Souletins, quoique nous ne le pensions pas. Ces détails locaux sont trop peu de chose pour entrer dans l'histoire nationale des Basques; luttes obscures qui n'ont produit aucun fait d'armes digne de n'être pas oublié. La province de Soule, politiquement et administrativement, n'avait rien à voir dans cette lutte de dynasties; mais, en ce temps-là, il était de principe chez les Basques, qu'on ne se bat point entre montagnards les uns sans les autres. La Soule ne produisit aucun héros pendant la guerre civile.

Interrogeons les souvenirs du peuple; nous ne voulons pas d'autre chroniqueur, et ce n'est pas les mémoires de quelques petites familles que nous écrivons.

Du village de Troisvilles, *Iruriria*, sortit, dans les derniers siècles, le soldat de fortune qui prit ou reçut le nom aristocratique de ce village en français. Il avait pour toute cape une paire de souliers, et pour toute épée, ce qu'on appelait alors une pièce de trente sous; mais il était beau garçon, et brave comme un mousquetaire. Arrivé au pont de Mauléon, (vieux pont d'une seule arche et fort étroit, qui fit donner à ce quartier de la petite ville le nom de *Zuburu-chilua*, de *chilo*, trou), la profondeur du Saison, naturellement resserré en cet endroit, fit grand plaisir au cadet: il médita profondément sur ses projets et sa destinée : réflexion faite, il prit sa pièce de trente sous entre l'index et le pouce, cracha dans l'eau et jeta tout son argent dans la rivière. Il n'avait pas beaucoup d'esprit, ce dit la chronique ; mais c'était un Gassion, un d'Artagnan pour l'intrépidité. Voilà le côté pittoresque de son histoire.

Et maintenant, lecteur, ayez la bonté de croire que l'on peut faire une carte de géographie avec presque rien. Supposez que le tiret typographique représente le Saison, et chaque nom, l'un des villages situés à droite et à gauche, qui se regardent d'un bord à l'autre de la rivière féconde en belles truites; vous aurez jusqu'à Mauléon, Alos—Troisvilles, Ossas — Sauguis, Menditte — Saint-Etienne, Idaux—Gotein, Garindein — Libarrenx ; et dans les intervalles, des champs, cultivés comme le jardin le plus riant. Nous ne pourrions dire au juste si c'est à St-Etienne que naquit et mourut le chevalier de Béla. Ecrivain modeste et consciencieux, les écarts d'une jeunesse orageuse ne purent lui faire perdre l'amour de son pays natal. Nous avons reproduit dans l'*Ariel* quelques fragments de ses *Mémoires*, relatifs à des pérégrinations militaires dans le nord de l'Europe. Aussi spirituel que brave, Béla revint à Paris. Il brilla quelques instants à la cour et dissipa sa fortune en plaisirs : une actrice qu'il aimait, consentit à partager la sienne avec lui. Les deux amants s'enfuirent en Touraine, et s'établirent dans un site charmant, sur les rives de la Loire. Béla fit écrire, au-dessus de la porte de son château, cette inscription souletine, philosophique et pittoresque :

> *Lehen hala!*
> *Oraï hola!*
> *Guero etchakin noula!....*

« Jadis, comme ça ; aujourd'hui, comme ci ; après !.. je ne sais comment. »

Béla s'y retraçait avec une insouciante gaîté les trois phases de son existence. L'avenir qu'il semblait vouloir défier, et qu'il redoutait peut-être au fond du cœur, fut pour lui plus heureux et plus paisible qu'il ne l'avait espéré. Retiré au sein de sa famille, il passa ses derniers jours dans l'étude de la médecine et de l'histoire. Il avait recueilli de savantes notes pour une *Histoire générale des tribus cantabres* qu'il se proposait d'écrire ; la mort l'en empêcha. Son manuscrit, qu'on a retrouvé, fut longtemps entre les mains de Sanadon, évêque d'Oloron ; nous disons évêque, quoique le Saint-Siège eût refusé de le reconnaître, en cette qualité. Son péché de 1794 était d'avoir accédé au serment proposé par l'assemblée nationale au clergé de France. Sanadon était grand admirateur des Basques, de leurs lois et de leur indépendance historique.

La lecture du manuscrit de Béla ne diminua point son enthousiasme; il s'en servit pour écrire quelques discours, et l'on peut dire qu'il en résuma et publia la partie vive et saisissante, dans son *Essai sur la Noblesse des Basques, rédigé sur les Mémoires d'un militaire basque, par un ami de la nation.* A l'époque où ce volume fut publié, l'argumentation historique de Sanadon, développée dans un volume de 300 pages, n'avait d'autre but que de soustraire la Basse-Navarre à la rapacité du fisc français, en établissant le droit qu'avaient les montagnards de voter leurs impôts, d'administrer leur pays et de se gouverner eux-mêmes. Le torrent de la Révolution française emporta avec lui toutes ces belles querelles de provincialité et d'indépendance.

Séparée de la Haute-Navarre et conservée par la maison de Foix et d'Albret, au commencement du seizième siècle, la mérindé de St-Jean-Pied-de-Port fut érigée en royaume de Basse-Navarre française; mais les ultramontains (*ultrapuertos*), comme on les appelle en castillan, brûlèrent leurs vaisseaux espagnols et prirent un drapeau de couleur feuille morte. Nos lecteurs ne demandent pas que nous leur refassions ici l'histoire d'Henri IV, ce roi vaillant, ni celle de l'édit d'union à la France rendu par Louis XIII, et victorieusement repoussé par les Bas-Navarrais. Il est curieux de voir avec quelle opiniâtreté ils surent défendre les débris de leur indépendance administrative et civile jusqu'à l'année 1789.

La Navarre française ne comprenait que deux petites villes et cent villages. Il est tout clair qu'à l'aurore de la Révolution française, cet infiniment petit royaume était bien hardi d'oser invoquer l'autorité de l'histoire et la voix d'un passé mourant, contre la grande voix des trente-six mille communes de France.

100 contre 36,000!

Décidément les Bas-Navarrais n'avaient pas le sens commun.

CHAPITRE XX.

Mauléon-Licharre.

La ville de Mauléon, petite capitale de l'ancien pays et vicomté de Soule, n'a que 1,600 âmes de population, en y comprenant celle de Licharre, siége de la cour ou tribunal de la province avant la réunion à la France en 89. C'est aujourd'hui un chef-lieu d'arrondissement; gloire que la petite ville de Saint-Palais en Basse-Navarre ambitionne peut-être. La providence gouvernementale et française a été juste envers les deux petites villes, en plaçant à Saint-Palais le tribunal de première instance, et la sous-préfecture à Mauléon : c'était le seul moyen de faire quelque chose de chacune d'elles, de peur de condamner l'une ou l'autre à n'être rien dans la hiérarchie administrative et judiciaire.

Géographiquement, Mauléon n'a de remarquable que le paysage enchanteur dont il est le centre, et qu'on peut aller admirer du haut du château-fort, qui domine la ville. Ce petit château, ce fort ou cette prison, a pour gardien un concierge, l'homme le plus mal logé de toute la Soule; en admettant qu'il ait mis son domicile en ce haut lieu solitaire et pittoresque. Dans ce dernier cas, le seul canon qu'il y ait à la citadelle est condamné à se garder tout seul; mais il ne sera pas nécessaire de le mettre sous clef; il ne faut pas craindre qu'on le vole. Et si nous parlons avec quelque gaîté, de cette pièce d'artillerie pour nous vénérable, c'est un souvenir d'enfance que le lecteur voudra bien nous pardonner; ses détonations, avec des gargousses où il n'entrait pas moins de son que de poudre, nous annonçaient la célébration de quelque fête, par exemple la fête du roi, c'est-à-dire un jour de vacance pour les écoliers de la ville.

Le château de Mauléon n'en a pas moins son importance et signification comme souvenir historique. Il appartenait à ce chef ou vicomte que les anciens Souletins appelaient leur seigneur ou leur monsieur, *Jauna:* c'était, en dernier lieu, la seule part de propriété que les rois de Navarre, d'Angleterre et de France eurent en Soule, comme seigneurs et protecteurs, sans aucun droit de suzeraineté sur le territoire et la population de la vallée.

Mauléon a donné naissance au docte Henri

Sponde, le continuateur des *Annales* de Baronius. La même ville s'honore d'avoir produit l'historien Oihenart : l'auteur de l'itinéraire se permettra de revendiquer ce nom littérairement, à titre d'illustration de famille. Oihenart était avocat au parlement de Navarre. Nous avons de cet auteur un choix ou recueil de *Proverbes basques*, qu'on a eu tort de réimprimer avec la détestable orthographe de la vieille édition. Oihenart fut amoureux dans sa jeunesse comme tout le monde, et par conséquent poète; l'un ne va guère sans l'autre; il ne pouvait manquer de faire des vers en l'honneur des demoiselles de sa pensée : cela nous a valu un petit nombre de chansonnettes basques, remarquables par un tour vif, naïf et grâcieux. Mais, à vrai dire, on y sent le travail de la versification, dans un homme qui évite de se servir du dialecte de la province natale, sans doute parce qu'il est sorti trop jeune de Mauléon pour le bien apprendre, ou parce qu'en sa qualité d'étudiant au parlement de Navarre, l'amour lui avait inspiré de donner son cœur à d'autres qu'à des Souletines. Ces chansonnettes ont pour titre : *Oihanarten gaztaroa*, la jeunesse d'Oihenart. On n'y trouve point le tour facile, la simplicité et le grand naturel des bardes incultes de la montagne; on y reconnaît la versification étudiée d'un homme de lettres qui a déjà écrit en français et en latin, et qui se forme à l'école des rimeurs du dix-septième siècle. Remercions les éditeurs du nouvel Oihenart, format in-8°; quoique le traducteur des chansonnettes, poète lui-même, ait eu quelques distractions dans ce labeur; celle, par exemple, de traduire le mot euskarien terre ferme, continent, monde, par le mot fenêtre. On doit féliciter Oihenart d'être resté barde euskarien et de n'avoir pas été mythologique dans ses chansons, comme tous les poètes du dix-septième siècle, comme il l'est lui-même dans l'épitaphe de M. d'Arraing, juge de la Soule. Et toi, Muse! pardonne à Oihenart la prononciation et l'orthographe des noms de famille, dans le dialecte qu'il avait adopté pour écrire en euskarien.

Arrain, guizonen haitia,
Temisen bihoz maitia,
Arrain, Musen haur-hazia, etc...

« D'Arraing, homme d'élite, cœur chéri de » Thémis, d'Arraing, nourrisson des Muses, » etc. » La *Notice des deux Vasconies* par Oihenart, écrite en latin, d'un style facile et pur, lui a mérité une place distinguée parmi les historiens et les critiques : le goût éclairé qui présidait à ses recherches et le choix de ses aperçus méritent de faire autorité.

En parlant de Mauléon, n'oublions pas son inséparable Licharre, *Lestarre*. Les Etats du pays de Soule se tenaient à Licharre jusqu'à la Révolution française; c'est au tribunal de

Licharre que les affaires de la vallée se jugeaient en premier ressort. Cette cour, en matière d'appel, ressortissait au parlement de Navarre, au dix-huitième siècle; le Labourd, au contraire, au parlement de Bordeaux. Les pièces du procès renfermées dans un sac scellé et cacheté, étaient expédiées au parlement, sans autre forme de procédure : la sentence de la haute cour revenait à bref délai par le même chemin. Sous ce rapport, les Basques de France pouvaient donner alors, et les Basques d'Espagne peuvent donner encore aujourd'hui, des leçons d'équité, d'économie de temps et d'argent, de prompte distribution de la justice, à la plupart des peuples de l'Europe. Le grand sens et l'énergie des montagnards avait établi en cela des lois sages et des usages que les nations voisines ne feraient pas mal d'imiter. La comédie des *Plaideurs* de Racine est encore aujourd'hui, après deux cents ans, la vivante satire de la procédure de France, voire même de Castille.

CHAPITRE XXI

Les Agoths.

Les voyageurs qui traversent l'arrondissement de Mauléon, en allant de Tardets à Saint-Palais, ont quelquefois de singulières idées sur les Basques. Il faut pardonner les préventions injustes ou ridicules qu'un étranger, venant de loin, ne manque point de loger dans sa mémoire, au sujet d'un petit peuple que quelques-uns calomnient fort innocemment, par ignorance, et quelques autres par vanité. Quand on est riche, instruit, bien élevé, et qu'on se flatte de représenter convenablement la civilisation la plus avancée de l'Europe, on est assez porté à dédaigner quelques pauvres montagnards, et à ne voir en eux qu'un petit peuple de sauvages. Ils parlent une langue incomprise : chacun les prend pour des Iroquois.

Les uns s'imaginent trouver en arrivant

parmi les Basques, une race de Cagoths ou de Bohémiens, ou quelques tribus de voleurs montagnards. Ils confondent avec les Basques les descendants d'un petit nombre de misérables fugitifs, de réfugiés, auxquels les Euskariens accordèrent une hospitalité dédaigneuse, à l'époque où l'invasion de l'Islam renversa en Espagne la monarchie visigothique.

Des Bohémiens, il y en a partout; en Espagne, en Angleterre et dans le reste de l'Europe, autant et plus que dans le pays basque, proportion gardée. Le Zingaro est citoyen de l'univers : ces hommes libres sont guérisseurs de brebis qui ont la clavelée, tondeurs de mulets, maquignons, voleurs à la tire dans les marchés publics où ils circulent ; et c'est surtout à cause de cela que les Basques ont eu de temps à autre la mauvaise pensée de les brûler vifs, avec les maisonnettes où on les laisse végéter, au coin de quelque bois, sur quelques collines.

Les réfugiés visigoths, goths ou cagoths, *Agotac*, formaient une autre classe de parias jusqu'à la Révolution française. Ces derniers, par droit de fraternité religieuse et en leur qualité de Chrétiens-catholiques, avaient obtenu, dès le huitième siècle, la permission d'assister aux cérémonies du culte : les prêtres montagnards n'auraient point permis qu'on leur fermât la porte des églises. Mais pendant que les Basques étaient en croisade continuelle contre les Arabes-Maures, avec la pensée très-catholique et patriotique d'expulser les Mahométans de la Péninsule, les libérateurs du tombeau du Christ avaient contracté par malheur la lèpre dans les guerres de la Palestine. La présence de cette horrible maladie dicta aux Basques d'énergiques mesures de précaution.

A dater de cette époque, les quartiers habités par les Agoths furent transformés en léproserie; soit que le lépreux fût naturellement porté à se réfugier dans cet asile de parias, soit que des mariages entre les deux classes de déshérités d'une race désormais maudite, en propageant l'infection, eussent porté les Basques à leur appliquer les mêmes lois dans l'intérêt de la santé publique.

En ce sens, la loi souletine, qui était, à peu de chose près, la même dans les autres provinces euskariennes (*), disait aux Agoths, jusqu'à l'an de grâce 1789 : « Tu bâtiras ta de-
» meure dans les sites écartés et déserts, loin
» de nos habitations et de nos villes; l'on
» t'assignera la porte par laquelle tu dois en-
» trer à l'église, le bénitier où tu trouveras
» l'eau lustrale, et les galeries où il te sera

(*) Voyage en Navarre (1856), par l'auteur de cet Itinéraire.

» permis de prendre place, semblable à la
» brebis infectée que l'on sépare du trou-
» peau ;

» Tu vivras avec les crétins et les lépreux,
» soumis aux règlements sévères que dicte
» l'intérêt de la santé publique; tu feras cou-
» dre sur tes habits et sur ton épaule un mor-
» ceau d'étoffe rouge ou patte d'oie, qui te
» fasse reconnaître de loin. Ne te présente
» jamais dans les halles et marchés, ne touche
» point aux provisions exposées en vente; tu
» serais puni de mort.

» Evite de marcher nu-pieds, sous peine
» d'avoir le talon percé d'un fer brûlant: si
» quelque Basque s'approchait de toi par mé-
» garde, tu l'avertiras en criant, et tu fuiras
» loin de sa présence. »

CHAPITRE XXII.

Les Basques-Souletins.

Le mot Soule n'est que la traduction française du mot latin *Subola* employé par les chroniqueurs austrasiens et Frédégaire. Pline et la géographie ancienne donnent aux Souletins le nom de Sybillates : nous n'avons pas à rechercher si ce nom ne serait pas une imitation du nom euskarien *Ziberoa, Zuberoa*. Ce qui est incontestable, c'est que la vallée dont il s'agit était habitée par les Basques, longtemps avant la fondation de Rome.

César dit fort clairement dans ses Commentaires, que les Basques de la Soule, de la Basse-Navarre et du Labourd, ne se soumirent point aux Romains, lors de la conquête de la Novempopulanie ou petite Aquitaine par

Crassus. Maîtres de Lapurdum-Bayonne, les Romains tenaient garnison à Iluro, Oloron de Béarn; et quoique la Basse-Navarre ne fût alors habitée qu'en partie, ils n'osaient s'aventurer dans ces vallées agrestes, protégées par la ligue cantabrique; moins soucieux d'asservir les montagnards que de se défendre contre leurs incursions.

Les conquêtes des rois francs de la première race et celles des Karolingiens n'allèrent pas plus loin de ce côté, que celles des Romains.

Nous préserve le ciel de glisser dans un itinéraire l'histoire politique des Basques de France, et celle de leurs priviléges qui n'existent plus et ne pourront jamais renaître au même titre. Il ne s'agit ici que de l'influence exercée par les institutions d'un passé glorieux, sur les mœurs et le caractère de quelques tribus de montagnards.

Il y a sept provinces euskariennes, dont quatre, les plus vastes et les plus considérables sont en Espagne : la Haute-Navarre, l'Alava, le Guipuzcoa et la Biscaye. Nous n'avons rien à dire ici sur les Basques-Espagnols. Les Français, et même les Castillans, qui viennent en foule à Biarritz, n'ont que faire en ce moment, d'aller prendre leurs bains de mer sur la côte de Guipuzcoa et de Biscaye.

Au siècle d'Auguste, et pendant les sept

années de la guerre que cet empereur fit aux Euskariens, la ligue cantabrique ne possédait point la terre d'Alava. Au cinquième siècle, à l'époque où les Européens du nord démembraient l'empire romain, et que les Suèves, les Vandales et les Visigoths s'emparèrent de toute l'Espagne (le pays basque toujours excepté), les Navarrais prirent de leur côté ce qui était à leur convenance; ils firent la conquête de l'Alava et y établirent une colonie.

En 581, Léovigilde, l'un des grands rois de l'Espagne visigothique, s'il est permis de donner le surnom de grand à ces princes barbares, remporta une victoire sur les Alavais et prétendit les asservir. Les Alavais abandonnèrent leur province au vainqueur; ils franchirent les Pyrénées, les armes à la main, et vinrent s'établir dans la Basse-Navarre française.

L'Alava ne devait retomber au pouvoir des Basques qu'en 712, à l'arrivée des Arabes-Maures en Espagne.

Quand de beaux royaumes sont au pillage, voleurs d'empire ou voleurs de provinces, chacun veut sa part du gâteau. La chute de l'empire romain et les guerres d'invasion avaient mis les Euskariens en goût de conquêtes. Les Basques de France attaquèrent les rois de la première race, sous le nom latin de Vascons, et leur enlevèrent les provinces que l'on appelle encore en latin Vasconie, en français Gascogne.

Au printemps de l'année 600, les Basques achevèrent la conquête de la Novempopulanie et mirent une garnison dans Bordeaux. A l'érection du royaume d'Aquitaine, Caribert, roi de Toulouse épousa Gisèle, fille du duc ou général des Basques. L'auteur de la vie de sainte Rictrude nous apprend que les seigneurs aquitains allaient achever leur éducation parmi les Euskariens et se former au maniement des armes, à l'école de ces belliqueux montagnards. Plusieurs d'entre eux se marièrent à des Basquaises, à l'exemple du roi Caribert.

Mais le grand roi Dagobert avait mis sa culotte et sa conscience à l'envers. Il attira à sa cour le roi de Toulouse et le fit empoisonner ainsi que son fils aîné Chilpéric. La reine Gisèle, avec ses deux jeunes fils Boggis et Bertrand, se réfugia auprès de son père, chez les Basques. Dagobert avait envoyé un gouverneur à ces derniers : les montagnards le brûlèrent vif, en répondant qu'ils n'obéissaient à personne, et bien moins encore à un roi empoisonneur. De là grande guerre.

Une belle armée entre en Aquitaine, commandée par Radoin, généralissime, qui avait sous ses ordres onze ducs : Arembert, Almagre, Leudebert, Euvandalmore, Hunalderic, Hermeneric, Barante, Uvilibalde, Egine, Flariarde et Ranlenius. Les Basques perdent la première bataille. Radoin poursuivit avec ardeur ce premier succès, et ravageant tout *par fer et par feu*, dit le chroniqueur, s'avança jusqu'aux dernières limites du duché des Vascons, dans la vallée de Soule. Là, les montagnards s'étant ralliés, revinrent au combat avec une nouvelle fureur.

La reine Gisèle, la Basquaise, était au milieu d'eux, son père Amand les commandait; ils battirent les Francs, en firent un grand massacre, et si bien, que Dagobert proposa la paix. Le duc Amand conduisit à Clichy les chefs euskariens. Les montagnards refusèrent de se présenter devant Dagobert, et se rendirent directement à l'église de Saint-Denis, où, de part et d'autre, la paix fut jurée : elle garantissait la complète indépendance des Euskariens dans les limites de leur Vasconie, et restituait l'Aquitaine aux enfants de Caribert, à titre, il est vrai, de fief relevant de la couronne de France.

— Il faut convenir que vous êtes de fiers voleurs, disait un courtisan de Dagobert à l'un de ces Vascons. — Rien n'est plus vrai, répondit le chef euskarien : nous avons volé plusieurs provinces au roi ton maître. »

C'est depuis ce temps-là que les Basques cis-pyrénéens ont eu une détestable réputation de voleurs en France. Charlemagne y mit bon ordre ; il reprit aux Vascons presque tout ce qu'ils avaient conquis sur les rois de la première race, ses successeurs firent le reste. Francs et Euskariens faisaient cette guerre avec tant de modération, qu'on brûlait ou qu'on enterrait vifs les prisonniers faits de part et d'autre. Mais Charlemagne, voulant traiter les Euskariens en Saxons, oublia que la ligne tracée d'Oloron à Bayonne avait toujours été fatale aux conquérants des Gaules. La même leçon que les preux de Dagobert avaient reçue dans la vallée de Soule, Charlemagne la reçut en personne dans la vallée de Roncevaux. Toute l'arrière-garde de l'armée impériale périt dans cette bataille, *jusqu'au dernier homme.*

C'est ton secrétaire Éginart qui nous apprend cela ; et il mérite d'en être cru, ô Karloman! car il était aussi le secrétaire intime d'une autre personne aux yeux verts, aux longs cheveux blonds ; et il faisait attention à tout. N'est-ce pas lui qui traversait mystérieusement pendant la nuit, entre les deux ailes d'un palais, certain passage couvert de neige, et qui, pour ne laisser en cet endroit que la trace de ses pas, avait grand soin de porter une auguste princesse sur ses épaules? Mais peut-être que nous faisons en ceci du roman au lieu d'histoire, et que notre mémoire est en défaut? La bataille de Roncevaux n'est pas précisément ce que la belle Karolingienne tenait à se faire raconter par Éginart; on peut le croire.

Le célèbre duché de Vasconie était en pleine dissolution. Les Basques de Soule, de Basse-Navarre et de Labourd se firent d'autres destinées et se tournèrent du côté de l'Espagne; ils prirent une part active à la croisade de leurs frères espagnols contre les Musulmans. La Haute-Navarre s'érigea en royaume; la Basse-Navarre, chef-lieu Saint-Jean-Pied-de-Port, fut incorporée à ce nouvel État, comme sixième mérindé ou circonscription électorale et administrative. Les Basques de Soule et de Labourd se maintinrent vis-à-vis des Francs, dans un état de parfaite liberté.

Les Karolingiens leur envoyaient bien de temps à autre quelque officier pour les gouverner et pour lever des impôts; mais les chroniqueurs disent naïvement que les Basques les massacraient tous. Bientôt le nouveau duché de Gascogne, fondé par Totilo, et dont le chef-lieu se trouvait à Bordeaux, devint, sous le règne de Sanche-Mitarre, un apanage des rois de Navarre.

Nous n'avons pas à faire ici l'histoire des

vicomtes de Soule ; le dernier de ces chefs appelés vicomtes, selon le langage et les idées du temps, Augier, se retira en Navarre, où il exerça la charge de connétable. La vicomté de Soule fut alors cédée à Edouard d'Angleterre, duc de Guienne, par Louis-le-Hutin.

L'acte de cession ne mentionne que le château de Mauléon : le roi de Navarre, en effet, n'était propriétaire que de ce château dans toute la Soule Quant au pays, la Soule ne devait rien au roi ; le Hutin, comme son prédécesseur Augier, n'était que le vicomte, le seigneur, le monsieur, le *Jaun* de la vallée, sans aucune espèce de droit de suzeraineté sur le peuple qui l'habitait.

Le Protectorat de l'Angleterre fut exercé aux mêmes conditions.

Inutile de dire ici comment la Soule revint à la France avec la Guienne.

Les Souletins pouvaient ordonner clercs, c'est-à-dire faire des institutions héréditaires ; ce qui, en France, ne pouvait avoir lieu qu'entre nobles. Les coupables de crimes graves, ou de trahison envers le roi, avaient la tête tranchée ; honneur qui n'était accordé qu'aux gentilshommes en France.

Ils n'étaient sujets ni à la gabelle, ni aux droits de foraine pour l'exportation de leurs denrées et marchandises dans les provinces voisines et jusque dans la ville de Toulouse. Ils ne payaient aucune taille, ni imposition quelconque, autre que la capitation, laquelle se payait par abonnement.

Les maisons nobles ou du premier ordre n'étaient tenues envers le roi, ni à hommage, ni à dénombrement, ni à *lods et vente*, pour cause de mutation.

Les maisons rurales ou du second ordre, en cas de mutation par vente ou par décret, ne payaient qu'un droit de 54 liards. Enfin, suivant le Censier du pays, la Soule NE DEVAIT RIEN AU ROI, quoique elle ne reconnût point d'autre seigneur que le roi.

Les Basques-Souletins ont vécu, jusqu'à l'année 1789, sous l'empire d'une *Coutume*, expression fidèle des usages traditionnels de leurs ancêtres. Cette *Coutume* fut rédigée du temps de François 1er,— et soumise à l'approbation de la reine, car les Basques ont beaucoup de vénération pour les dames : la loi salique fut une de ces institutions que leur génie courtois et vraiment chevaleresque ne voulut jamais introduire dans la charte de Navarre.

Le For ou code souletin débute ainsi :

« Par une coutume gardée et observée de
» toute ancienneté, tous les natifs et habitants
» de la terre de Soule sont francs, d'origine

» libre et franche, de franche condition, sans
» aucune tache de servitude. Nul n'a de droits
» sur leurs personnes ou sur leurs biens, et
» ne peut obliger, en paix ou en guerre, les
» habitants du pays à lui faire suite ou escorte.

» Les Souletins portent les armes en tout
» temps, pour la défense de leur pays situé à
» l'extrémité de la France, entre les royaumes
» de Navarre et d'Aragon et le pays de Béarn.
» Ils peuvent, quand ils le veulent, s'assembler
» pour traiter de leurs affaires communes, éta-
» blir tels statuts et règlements qu'ils jugeront
» utiles; et ces conventions auront force de loi.

» Le droit de chasse et de pêche est com-
» mun à tous les habitants du pays de Soule. »

La *Coutume* souletine est écrite en patois béarnais. Le roi de France ne savait point le basque, les Basques-Souletins ne se souciaient pas que leur code fût rédigé en français, langue que les montagnards ne comprenaient pas le moins du monde à cette époque ; et ils ne la savent guère mieux aujourd'hui. On prit le parti d'écrire les usages souletins dans le joli patois de ce Béarn dont la belle Marguerite faisait en ce moment les délices.

Une remarque est bonne à consigner ici: les Basques, peuple illettré et le plus antique de l'Europe, ont une horreur instinctive pour les mensonges dont on a inondé, depuis plus de quatre mille ans, tous les livres de la terre; et il est certain que ce débordement d'erreurs, plus ou moins calculées, est de nature à inspirer un profond mépris pour les gens de lettres à tout peuple austère et sensé.

Vous prenez un livre, quel qu'il soit : que représente ce livre? Celui qui l'a écrit, un homme. Faible autorité, aux yeux d'un Basque. Lisez-moi ce livre, dira-t-il. Mais au premier fait qui choque son bon sens, au premier mensonge, à la première idée fausse ou ridicule (et il ne faudra pas lire cinq cents pages pour la trouver), vous verrez le montagnard jeter sur l'ouvrage un regard de dédain ou de moquerie. « Le papier, dira-t-il, n'a pas de vertu qui lui fasse rejeter le mensonge ou les sottises, il reçoit tout ce qu'on y met. »

Cette phrase est un proverbe populaire, chez les Basques.

Le Basque est peut-être l'homme le plus positif qu'il y ait en Europe; il est impossible d'exercer sur lui la moindre influence d'imagination; il ne s'exalte que devant le bon droit et la vérité bien comprise; aussi, toute vérité qui ne s'incarnera pas dans une réalité, un intérêt palpable, positif, ne l'émouvra que faiblement. N'espérez pas le fanatiser avec des idées; il sait ce qu'elles valent et ce que vaut l'homme qui les produit. Même la foi religieuse et l'autorité du prêtre n'ont pas toujours pu faire plier ce génie rude, inflexible, puissant. Les provinces euskariennes sont l'un des pays privilégiés où l'on pas vu trôner l'Inquisition en Europe.

Le Basque ne s'inclinait qu'à bon escient devant les idées écrites, il n'aimait guère davantage les lois écrites: pénétré d'un saint respect pour les usages traditionnels de ses ancêtres, fort de son droit et de son énergie indomptable, il préférait les lois profondément gravées dans la mémoire et dans le cœur des hommes qui savent vaincre par les armes ou mourir en combattant. Peuple incivilisé, tant qu'on voudra : mais le Basque n'aime point à pâlir sur les bouquins, il se méfie des scribes, il méprise le papier.

En tant que libres, et appartenant à une race originellement franche, sans aucune tache de servitude, les Euskariens étaient tous gentilshommes, selon l'esprit de la loi féodale. C'est en ce sens que les Basques-Souletins, dans leur petit pays, qui forme aujourd'hui la moitié d'un arrondissement, et où il ne se trouvait que 67 villages et une petite ville de 1,600 âmes, disaient aux privilégiés de la monarchie française: « Nous sommes nobles aussi, et gens » de qualité aussi bien que vous. » Tous les grands seigneurs de France admettaient cela.

C'est surtout en Espagne que les Euskariens

jouissaient et jouissent encore de ce privilége de noblesse. Vous êtes *mes bons et fidèles gentilshommes*, disait Ferdinand-le-Catholique aux Guipuzcoans, dans ses déclarations royales. Depuis Charles-Quint, le Guipuzcoa est une province *très-noble et très-fidèle*. Le célèbre jurisconsulte Gutierez ne tarit pas sur ces qualifications: pour lui la Cantabrie espagnole était noble par excellence ; c'est le centre de toute noblesse, la très-ancienne souche de la noblesse espagnole, et la restauratrice de l'Espagne. Nous citons mot par mot.

Un Guipuzcoan n'avait qu'à prouver sa généalogie basque par une enquête ; et fût-il le fils d'un humble charbonnier, il était déclaré gentilhomme, en possession et propriété des droits attachés à cette qualité dans toutes les chancelleries de la Castille.

Jusqu'à la Révolution française, les Basques-Souletins jouissaient du même privilége de noblesse en France. Le sieur Pelot, commissaire des partis dans la province de Guienne, pour la recherche des usurpations de la noblesse, reconnut de fort bonne grâce tous leurs droits en 1667. Encore à la fin du dix-huitième siècle, si quelque Souletin allait s'établir en Espagne, il lui suffisait de prouver quatre générations d'extraction basque pour y être reconnu et reçu comme gentilhomme dans les tribunaux, et pour être admis dans les ordres militaires qui exigent des preuves de noblesse.

L'on voit que messieurs les Castillans n'avaient pas encore la prétention de rabaisser les Basques à leur niveau, sous prétexte de liberté, au lieu de s'élever eux-mêmes, et qu'ils n'étaient point ingrats envers les libérateurs de la Péninsule, ce noble peuple sans lequel les Espagnols n'auraient jamais vaincu et chassé les Musulmans.

C'est à Licharre que se tenaient les États de la Soule, *Leganac*, mot qui désigne une assemblée législative et d'administration locale. Dès le dix-septième siècle, les voyages à Paris, la contemplation de la cour de Louis XIV, l'exemple des grands seigneurs de France, et ce rayonnement d'autorité que la majesté royale communique à messieurs les courtisans, enfin quelques titres français de noblesse accordés à messieurs du premier ordre souletin, avaient fini par leur tourner la tête. Quelques-uns affichaient une sorte de vanité féodale, dont messieurs du second ordre, les paysans, se moquaient plus que jamais.

L'un de ces hommes de qualité s'écriait, en 1787, en pleine séance des États de Licharre: « Les rangs se confondent dans la
» société, un luxe effréné s'introduit partout,
» les jeunes paysannes portent des gants, se
» servent d'ombrelles; les mariées ont des

» coupes de robe et des coiffures semblables
» à celles des premières dames de qualité.
» Bientôt, vive Dieu ! je ne pourrai plus dis-
» tinguer madame ma femme à sa toilette,
» d'avec la première paysanne venue. Il faut
» mettre bon ordre à cet abus. »

Un paysan connu par l'à-propos et la finesse de ses reparties, prit la parole :

« Eh quoi ! messieurs du premier ordre,
» vous, hommes instruits et riches, qui êtes
» selon la *Coutume* (loi) de Soule, les juges
» naturels de nous autres, paysans illettrés,
» vous avez remarqué le luxe croissant
» des femmes de notre condition. Il faut le
» reconnaître : nous sommes tous nobles entre
» Basques ; mais les paysans ne sont pas gens
» de qualité. Quoi ! monsieur Tel, il vous est
» presque impossible de reconnaître madame
» votre femme à la toilette, entre les nôtres !
» C'est un abus criant. Il faut remédier à
» cela. Il me vient une idée. Attachez à mada-
» me votre femme une sonnette au cou. C'est
» ainsi que je fais pour distinguer mes bre-
» bis les unes d'avec les autres. »

Ce trait d'esprit, cette réplique, dédaigneusement profonde dans son apparente naïveté, devint le signal d'un rire homérique. L'existence des deux ordres dans la société souletine se conçoit parfaitement ; le clergé n'ayant aucune prérogative ni privilége particulier dans cette province.

Le droit de commander le bataillon de guerre, celui de juger les affaires civiles et criminelles, conformément à la loi écrite ou *Coutume* de la Soule, était naturellement dévolu à la classe la plus instruite et la plus riche, aux hommes de loisir. Instruction et richesse, dans une classe établie pour cela par les paysans eux-mêmes, voilà quelle était la souce du degré de noblesse de messieurs du premier ordre. Ils étaient gens de qualité et ne manquaient pas de le dire en France; mais cette phrase n'avait pas dans le pays de Soule, la même signification qu'à Paris ou en terre féodale.

Quant à la hiérarchie établie entre les deux ordres souletins, il convient de laisser la parole au chevalier de Béla sur ce chapitre :

» Si l'on demande quel rôle les hommes
» de qualité peuvent jouer dans un pays où
» le peuple est noble, nous répondrons avec
» un Basque auquel un étranger faisait la
» même question : que le rôle des premiers
» est celui que les planètes jouent au milieu
» des étoiles fixes. »

On sait que les planètes sont des corps opaques et nébuleux, quoique quelques-unes de ces planètes errantes, plus rapprochées de nous, semblent briller à nos yeux, par réflexion, beaucoup plus que les étoiles dans le ciel des fixes.

Mais n'oublions pas la géographie de l'Itinéraire. Mauléon-Licharre est dans la plaine, dans la partie basse, inférieure de la vallée, *Pettarra* (prononcez par un *t* mouillé, à peu près comme s'il y avait *petiarra*), mot intraduisible grammaticalement en français, et qui désigne la Basse-Soule.

Tout-à-l'heure nous planions très-noblement à la hauteur des étoiles fixes, hauteur incommensurable pour messieurs les géomètres et les astronomes de la terre ; on ne saurait tomber de plus haut dans la géographie : le lecteur en conviendra.

CHAPITRE XXIII.

Le Bassa-Jaon.

L'imagination des Basques, aidée par une réminiscence confuse des pays que les premiers Euskariens ont habités, n'a point manqué de peupler les Pyrénées d'êtres mystérieux et bizarres, qui servent de lien entre la création matérielle et visible, et le monde fantastique des larves et des esprits. Le plus populaire de ces mythes pyrénéens est le seigneur-sauvage, *Bassa-jaona*, sorte de monstre à face humaine, que le Basque place au fond des plus noires cavernes, ou dans la profondeur des forêts.

La taille du *Bassa-jaon* est haute, sa force, prodigieuse ; tout son corps est couvert d'un long poil lisse, qui ressemble à une chevelure;

il marche debout, sur ses deux pieds, comme l'homme, et surpasse le cerf en agilité. Le voyageur qui précipite ses pas dans le vallon, ou le berger qui ramène son troupeau au bercail, à l'approche de quelque orage, s'entend-il appeler par son nom répété de colline en colline? C'est *Bassa-jaona!* Des hurlements étranges viennent-ils se mêler aux murmures des vents, aux gémissements sourds des bois, aux premiers éclats de la foudre? C'est encore *Bassa-jaona!* Un noir fantôme, illuminé par l'éclair rapide, se dresse-t-il au milieu des sapins, ou bien, le voit-on accroupi sur quelque tronc d'arbre vermoulu, écartant avec ses doigts crochus les longs crins à travers lesquels brillent ses yeux étincelants; *Bassa-jaona!* La marche d'un être invisible se fait-elle entendre derrière vous, son pas cadencé accompagne-t-il le bruit de vos pas; toujours le *Bassa-jaon!*

Par une belle nuit d'hiver, au coin du feu, quand le vent siffle au dehors et que la neige tombe en abondance sur les toits, le vieux Basque raconte à ses petits-neveux la rencontre qu'il eut avec le seigneur-sauvage, lorsqu'il était jeune et qu'il menait la vie des bergers: il dit l'heure et le lieu, il dépeint le paysage, et n'hésite point à convenir de la frayeur qu'il eut, vivement partagée en ce moment par son auditoire enfantin, qui écoute le récit du grand-père avec la curiosité la plus avide.

C'était par une nuit obscure, une froide nuit de décembre ; les vents sifflaient à travers les branches des arbres, les brouillards s'étaient abaissés comme un rideau funèbre, la neige tombait blanche et glacée : le berger, revenant chez lui des hautes montagnes, chemina seul jusqu'à minuit. Il fut contraint de s'arrêter dans les bois ; l'épaisseur du brouillard lui cachait sa route : il s'arrête. Un gros tronc d'arbre, coupé à la hauteur des premières branches, s'élevait devant lui, tout blanc de neige : le montagnard, distrait, et regardant la neige qui tombe, frappa machinalement de son bâton ce tronc vermoulu, en apparence inanimé ; soudain le tronc bondit avec un cri terrible, la neige qui le couvrait tombe comme un voile, et laisse voir au berger immobile de terreur le *Bassa-jaon*, rugissant comme un lion, l'œil ardent, le crin hérissé !...

Le narrateur du coin du feu raconte cet incident étrange avec un ton de vérité persuasif, et laisse croire, adroitement, qu'il est le héros de l'aventure ; il tient le fait de son père, qui le tenait de son aïeul.... On pourrait ainsi remonter de deux cents générations, jusqu'au temps du séjour des Euskariens en Afrique ; car le *Bassa-jaon* des Basques est tout simplement l'Orang-Outang, l'homme des bois, qui fournit aux anciens Egyptiens et aux Grecs la fable des Sylvains et des Satyres.

Ce nom de *Bassa-jaon*, donné à l'Orang-Outang par les Euskariens, exprime avec une sorte de naïveté l'étonnement mêlé de frayeur qui s'empara de l'Aborigène, à la vue d'un animal si semblable à l'homme. De nos jours encore, les Nègres de la côte s'imaginent que le mutisme des grands singes est une ruse de leur part, afin de se soustraire à la tyrannie des blancs et aux pénibles travaux de l'esclavage. L'Euskarien, meilleur observateur, ne tarda point à reconnaître dans l'Orang-Outang un être dépourvu de raison, privé de la parole, et inférieur à l'homme, de toute la distance qui sépare la réflexion intelligente de l'aveugle instinct. Cette découverte lui inspira la fable du Forgeron et du *Bassa-jaon*, dont la forme comique (le forgeron y pince le nez du seigneur-sauvage avec des tenailles rougies au feu) cache cette moralité : le *Bassa-jaon* est une brute, un singe; et l'homme, un homme. En latin *homo* (de *humus*), un ver de terre; en euskarien *guizona* (*gu-iz-on-a*), l'être excellent, intelligent.

L'Euskarien, en improvisant ce mot, et bien d'autres que Dieu lui inspirait, avait une haute idée de lui-même et de ses semblables. N'écoutons pas les misanthropes, qui ne veulent voir dans les hommes qu'un animal frivole, bavard, imbu d'idées extravagantes et d'opinions ridicules, égoïste, orgueilleux, sans pitié; la première bête féroce de l'univers! sous prétexte qu'ils se dévorent quelquefois entre eux, ce que ne font point les loups ni les tigres.

Ceci nous conduit tout naturellement à parler des sauvages et des anthropophages. Le lecteur peut compter sur notre réserve; nous ne sortirons point de notre sujet.

CHAPITRE XXIV.

Les deux Sauvages.

Il ne s'agira point ici de ces Sauvages de la foire, de ces bateleurs qui nous viennent quelquefois de l'intérieur de la France, et qui exhibent au bon peuple euskarien une grande femme à l'appétit dépravé, aux goûts primitifs, dévorant un poulet vivant qui crie, et dont les plumes tombent de ses lèvres ensanglantées. Le costume indescriptible et le regard féroce de cette Huronne, qui s'adoucit derrière la toile avec ses camarades les banquistes, plaisent infiniment aux spectateurs : les Basquaises éprouvent un sentiment d'horreur et poussent des cris en détournant la tête; les enfants ouvrent de grands yeux, les hommes rient pour leurs dix centimes, comme sait rire le peuple; et le tour est fait.

La Huronne, qui aura déjeuné comme tout le monde à l'hôtel, et bu d'excellent café, en femme civilisée, escamote le plus souvent la chair du poulet qu'on croit qu'elle mange; mais quand même elle le dévorerait au naturel, ceci n'a rien qui doive surprendre; ce courage n'est pas plus extraordinaire que celui des saltimbanques qui avalent de grands sabres pour gagner leur vie.

Nous ne voulons parler dans cet itinéraire, que de deux vrais Sauvages du bon Dieu, l'homme et la femme, vivant de fruits, de racines d'herbes, comme les anachorètes du désert. Il ne faut point rejeter indistinctement, comme apocryphes ou fabuleux, les récits des Basques sur les apparitions de l'homme des bois dans les Pyrénées occidentales. On trouve dans ces montagnes de véritables Sauvages, en petit nombre, il est vrai; mais leur existence, quelque inexplicable qu'elle soit, n'en est pas moins avérée.

Des ouvriers qui travaillaient pour la mâture, en 1790, dans la forêt d'Iraty, virent à plusieurs reprises deux de ces individus: Le Roy, qui dirigeait leurs travaux, raconte ce fait intéressant dans ses mémoires scientifiques. L'un des Sauvages, jeune femme aux longs cheveux noirs, toute nue, était remarquable par des formes élégantes, par des traits réguliers et beaux, malgré l'extrême pâleur de son visage ; elle s'était approchée des travailleurs et les regardait scier les arbres, d'un air qui témoignait plus de curiosité que de crainte ; les paroles que s'adressaient les ouvriers excitaient visiblement son attention. Enhardie par le succès de sa première visite, elle revint le lendemain à la même heure.

Les ouvriers avaient formé le dessein d'en faire leur prisonnière, s'il était possible d'y réussir sans lui faire du mal : l'un d'eux s'approche d'elle en rampant, tandis qu'un de ses camarades parlait haut, en gesticulant vivement, pour captiver l'attention de la jeune Sauvage ; mais, au moment où le bûcheron tendait le bras pour lui saisir la jambe, un cri d'alarme, parti du bois voisin, avertit la fille de la nature du piége qu'on lui tendait. A ce cri de l'amour (qui toujours veille et surveille, car il est jaloux), elle fit un bond d'une agilité surprenante, et s'enfuit du côté de la forêt avec la rapidité de l'éclair : elle ne revint pas, on ne les revit plus ; et l'on ignore quel fut le sort de ce couple sauvage.

CHAPITRE XXV.

Le Heren-Sugue.

Le mot feu, en euskarien *su,* sert à former le nom du serpent, *sugue*; et lorsqu'on dit en cette langue, grande fournaise, grand réservoir de feu, c'est à peu près comme si l'on disait grand serpent. Les Euskariens de l'Indoustan ont laissé ces deux mots et cette étymologie à la langue sanscrite des Brahmines. Une fable racontée par les Basques parle du Dernier-Serpent, *Heren-suguia,* armé de sept gueules flamboyantes (sept volcans), qui doit incendier la terre à la consommation des siècles. Il faut entendre par ce mythe euskarien le feu central, les soulèvements titaniques et les éruptions terribles qui président aux rénovations du globe terrestre.

Un coq pondit un petit œuf, et le cacha dans

le fumier; de cet œuf naquit *Heren-sugue*. En ce moment le monstre est profondément endormi sous terre, au bord d'un lac infernal, la tête appuyée sur les genoux d'une femme de beauté ravissante, qui est son esclave. La destinée du Grand-Serpent est attachée à un autre œuf mystérieux; un ramier bleu couve cet œuf, sur quelques brins d'herbe, au haut d'un rocher solitaire des Pyrénées.

Audacieux voyageur, qui venez prendre des bains de mer à Biarritz, gardez-vous bien de chercher en quel endroit des montagnes est placé ce nid fatidique : n'allez pas, armé d'un marteau, vous montrer à cette colombe! elle s'envolerait sans retour; ni casser l'œuf providentiel ! car, à ce coup de marteau, tous les tonnerres de l'abîme éclateraient à la fois, la fournaise vomirait un océan de laves brûlantes, et le globe terrestre aurait le sort de cet œuf de malheur que vous auriez écrasé !..

Voilà de la géogénie patriarcale, primitive, et pittoresque, s'il en fut jamais. Toutes les traditions ne sont pas de l'académie des sciences. Arago, partisan du système neptunien, n'aurait point admis le sens caché de nos fables ibériques. Qui saura les bien exhumer de la mémoire du peuple? Qui serait de force à les bien comprendre aujourd'hui? Le passé du genre humain est tout gros de mystères : la science la plus antique est la plus vraie ; elle touche à la jeunesse du monde. Mais la géologie moderne fait des progrès rapides ; le jour n'est pas loin, où l'on découvrira que d'anciens peuples, aujourd'hui profondément oubliés, savaient très-bien mille choses que l'on étudie avec ardeur, et que l'on ignore encore aujourd'hui, peut-être.

Sur ce, que les dames qui viendront à Biarritz, veuillent bien se rassurer. L'œuf du rocher des Pyrénées est introuvable. S'il faut en croire les calculs de l'école d'Alexandrie et ceux de quelques géognostes plus modernes, il ne sera pas brisé de cinquante-deux mille ans. Ces dames n'auront pas à craindre, en se jetant à la mer, de prendre un bain trop chaud.

Les nombreuses observations thermométriques de M. J. Le Cœur ont fixé la température des bains frais ou naturels de mer dans le nord, entre + 15 à 25° centigrades, du mois de juin au mois de septembre (*). On peut dire, pour

---

(*) DES BAINS DE MER, par M. J. Le Cœur (de Caen).

Biarritz, que cette température ne va point au-dessous de + 16°, et qu'elle ne s'élève guère au-dessus de + 26°; ce qui donne pour la chaleur de l'eau de mer, une moyenne de + 20 à 21° centigrades, température éminemment favorable à tous les bons effets que produisent les bains de mer chez les personnes souffrantes et chez celles qui se portent bien.

Nous serions au désespoir de terrifier les dames, à l'image des soulèvements et des engloutissements que produira le *Heren-sugue* à la fin du monde. On les supplie également de ne pas s'effrayer à l'histoire des boas et des serpents à plusieurs têtes que nous devons mentionner dans cet Itinéraire. Il y a 350 ans qu'on n'en a pas revu un seul dans les Pyrénées occidentales.

CHAPITRE XXVI.

Le serpent du Valdextre.

Valdextre ou val-de-droite, *Ibar-eskuña*; tel est le nom que porte l'une des petites vallées de la haute Soule. C'est là que se passa, au commencement du seizième siècle, le fait que nous allons raconter. Et si nous précisons les dates, c'est pour que les dames qui prendront des bains de mer à Biarritz ne soient pas détournées de faire des excursions dans les montagnes pyrénéennes par la peur des gros serpents. Nous l'avons déjà dit; il n'y en a plus.

Un serpent maudit trompa la première dame de la création dans le paradis terrestre; mais nous n'avons point entendu dire qu'aucun boa-constrictor d'Afrique ou d'Amérique en ait jamais dévoré quelqu'autre dans les Pyrénées occidentales.

Il n'en est pas moins vrai que les Basques, au moyen âge, eurent quelquefois à se défendre contre les attaques d'énormes serpents, qui sortaient périodiquement des parties les plus humides et les plus reculées des forêts. A ce mot humide, ne pas confondre les serpents dont il s'agit avec le monstrueux serpent de mer créé à Paris : ce dernier n'a jamais existé que dans les entre-filets des journaux, pour la béatification d'un gazetier facétieux à qui les nouvelles manquent pour remplir une dernière colonne de mise en page, et qui s'amuse à inventer ou à reproduire les *faits-divers* les plus horripilants.

A quelle famille appartenaient ces hydres pyrénéennes? C'est ce que nous ne saurions dire, n'ayant jamais vu le moindre fragment de leur peau plus ou moins écaillée, et les vainqueurs n'ayant point pensé à léguer cette dépouille aux naturalistes de la postérité. Les chroniques nous apprennent qu'au moyen âge les Pyrénées n'étaient point encore purgées de ces hôtes effrayants, et que les chevaliers des provinces basques employaient, à les poursuivre et à les combattre, les intervalles de loisir que leur laissait la guerre des Musulmans.

Le chevalier de Çaro réussit à tuer un de ces monstres dans le Valdextre de Soule. Il attira prudemment le reptile hors de sa caverne, au moyen d'un agneau vivant, attaché à l'entrée, pour servir d'appât : il avait disposé, sous l'innocent animal, une sorte de machine infernale, qui fit explosion au moment où le boa furieux se roulait sur sa proie. De Çaro, qui avait eu le courage de mettre le feu à la traînée de poudre, s'enfuit, le visage souillé par le sang et la terre qui rejaillirent sur lui. L'idée qu'il était poursuivi, jointe à l'horreur qu'il éprouvait, précipita sa course ; il avait franchi le seuil de sa maison ou castel, et se trouvait devant sa femme, lorsqu'il perdit toute respiration et tomba mort, sans avoir pu proférer une seule parole.

CHAPITRE XXVII.

Le serpent à trois têtes.

En 1407, un serpent monstrueux, sorti des Pyrénées, exerçait d'affreux ravages sur les bords de la Nive. Tout désertait les environs d'Irubi, où une grotte servait de retraite à cette hydre, et les plus hardis des chasseurs labourdins et bayonnais n'osaient s'exposer à sa fureur. Gaston de Belsunce (un Bas-Navarrais), à peine âgé de dix-neuf ans, accompagné d'un seul écuyer, sans autre arme qu'une lance, vint défier le monstre dans son repaire.

A la vue de l'énorme reptile, sorti frémissant de sa caverne, le domestique éperdu prit la fuite : l'intrépide Gaston resta seul, et l'on ignore les circonstances de sa victoire. Il parvint à blesser le monstre avant d'être enveloppé;

et tous les deux, étroitement serrés l'un contre l'autre, ayant roulé en se débattant sur le sable, tombèrent dans la Nive, et furent, le lendemain, trouvés morts au fond de l'eau. La tradition populaire donne à cette hydre d'Irubi, trois têtes et une queue ardente.

La ville de Bayonne témoigna sa reconnaissance en décernant à l'aîné des Belsunce, à perpétuité, le titre de premier bourgeois de la ville, quoique l'on ne reconnût aucun privilége de noblesse dans la communauté des Bayonnais. Elle fit donation à cette famille, de quatre maisons dans l'enceinte de ses murs. La terre d'Irubi, concédée par acclamation populaire, resta aux Belsunce comme une conquête du brave Gaston; et le roi de Navarre, Charles III, le Noble, afin de perpétuer la mémoire de ce beau dévouement, permit à la famille d'ajouter un dragon à l'écu de ses armes.

CHAPITRE XXVIII.

Le Roi de Navarre.

A propos d'un hideux serpent tué par un jeune Basque, nous avons passé de la Soule en Basse-Navarre. Il nous prend envie de raconter en peu de mots l'histoire politique de ce royaume de Navarre, pour l'explication de quelques faits que nous ne pouvons nous empêcher de faire connaître aux lecteurs de l'Itinéraire.

L'établissement de la royauté en Navarre coïncide avec la conquête de l'Espagne par les Arabes-Maures. Il est vrai que les premiers de ces rois montagnards reçoivent dans les chroniques le titre de ducs, comme les chefs de la Vasconie gauloise reconquise sur les Basques par les Karolingiens. Mais comme les premiers rois de Navarre étaient de la même race et famille qu'eux, et en outre, que le nom euskarien de Navarre commençait à peine à se glisser dans les chroniques écrites en langue latine, nous n'avons que faire de débrouiller ici ce point de généalogie et de chronologie.

Il est tout clair qu'en cela, l'opinion d'Oihenart le Souletin ne pouvait être suivie par le père Moret, jésuite haut-navarrais, auteur des *Annales de Navarre*. Nous ne nous chargeons pas de mettre d'accord ces deux historiens distingués. Selon Oihenart, Eneco ou Iñigo Garcia, comte de Baïgorry, fut le premier véritable roi de Pampelune : il habitait le bourg de Sant-Estevan en Basse-Navarre; comme si nous disions en euskarien, le modeste village de *Aritzeta*. De là, par corruption, le surnom de *Arizta*, que le roi Eneco ou Iñigo porte dans l'histoire (*). Il mourut en l'année 836.

La seule question intéressante pour le lecteur, est de savoir pourquoi, à quel titre et à quelle condition les Navarrais mirent des rois à leur tête. Laissons parler la charte ou FOR du pays :

« Premièrement, il a été établi un for d'é-
» lire un roi pour toujours.

(*) HISTOIRE DES BASQUES, par le vicomte de Belsunce (2 vol. in-8°), faisant suite à l'HISTOIRE PRIMITIVE DES EUSKARIENS-BASQUES (1 volume in-8°), par l'auteur de cet Itinéraire.

» Mais afin qu'aucun roi ne puisse jamais
» nuire à la nation, qui lui a donné tout ce
» qu'elle a conquis sur les Maures, il fera
» serment, le jour de son élection, sur la
» croix et l'Évangile, de rendre aux Navarrais
» bonne justice, de ne jamais attenter à leurs
» fors (usages, coutumes, lois), mais de leur
» donner, au contraire, plus d'extension;
» enfin de partager ses conquêtes avec les ri-
» combres, infançons, cavaliers, hommes des
» villes, et tout le peuple, sans jamais en faire
» part aux étrangers. »

Les Basques ne se proposaient rien moins que de reconquérir l'Espagne sur les Musulmans; la croisade dont ils étaient les chefs a eu pour résultat la délivrance et la restauration de la Péninsule.

« S'il arrive qu'il soit roi d'une autre terre
» ou d'une langue étrangère, il ne pourra ja-
» mais introduire à son service, dans la Na-
» varre, plus de cinq hommes de son pays. »

Les Navarrais étaient prudents et bien avisés, d'imposer aux rois futurs cette condition un peu bien dure : disons à l'éloge des maisons de Champagne, d'Évreux, de Foix et d'Albret, d'Angleterre, de France et de Castille, que les montagnards ont eu le talent de la leur faire respecter. Rien au monde n'égale la fermeté d'un petit peuple de gentilshommes, qui veut et qui sait être maître chez lui.

« Le roi ne pourra tenir cour ou conseil
» sans l'assistance des ricombres navarrais ;
» il ne pourra faire ni conclure guerre ni
» paix, ni trêve, avec ou contre aucun roi,
» aucune reine, sans l'avis de douze *varons*
» ou hommes sages. »

Voilà ce que l'on peut appeler une royauté en tutelle.

« Le Roi de Navarre ne pourra se marier
» qu'à une princesse, et les enfants du roi
» décédé seront exclus de la succession au
» trône, s'ils ne sont issus d'une mère dont
» la condition était égale à celle du roi. Si le
» roi meurt sans postérité, les écuyers, le
» peuple, les infançons, les ricombres et le
» clergé en éliront un autre. »

Ricombre, — homme riche. Ils portaient sur leur bannière un petit chaudron brodé en fils d'argent, symbole de leur mission et devoir. Commandants de la chevalerie navarraise (grade non héréditaire), ils devaient nourrir leur troupe et la faire vivre aux dépens des Musulmans, après en avoir tué le plus grand nombre possible. Le Basque est positif en tout.

Infançon, — commandant d'infanterie.

Écuyer, — chevalier ou cavalier, qui combat à cheval, armé de la lance et de l'écu. Faites dériver ce mot écuyer, du mot latin *equus*, cheval, ou du mot euskarien *escuta*, bouclier, à votre gré : l'itinéraire vous laisse le choix de l'étymologie.

Le chevalier de Béla nous donne en quatre lignes, la clef de cette hiérarchie militaire :
« Tout Basque naissant soldat comme dans
» l'ancienne Rome, il prenait rang dans les
» armées nationales et s'y trouvait classé selon
» que ses facultés, plus ou moins étendues,
» lui permettaient de prendre une armure
» plus ou moins distinguée. Le citoyen aisé,
» armé de la lance et de l'écu, combattait à
» cheval ; le pauvre n'ayant que le heaume et
» l'épée combattait à pied : dans l'une ou
» l'autre classe le commandement était dé-
» volu à celui que ses richesses rendaient le
» plus influent, le plus puissant. »

Le For navarrais avait encore un petit article, où il est dit que :

« Si le roi se permet la moindre atteinte
» envers la moindre des libertés garanties
» par la loi, les Navarrais seront, par-là
» même, dégagés du serment de fidélité et
» pourront élire d'autres rois et reines. »

Les États de Navarre s'assemblaient, pour leur session annuelle, sans convocation, et au besoin, dans toutes les circonstances extraordinaires où la nation avait à délibérer sur quoi que ce soit. A la mort d'un roi, quand les États ne jugeaient pas à propos de rédiger longuement une formule de serment sur des faits et articles particuliers,— voici le serment d'usage que le prince royal était tenu de prêter avant d'être proclamé :

« Nous jurons aux Navarrais, sur cette
» croix et Évangile que nous touchons de
» notre main, et à vous prélats, ricombres,
» infançons, hommes et députés des villes et
» communes, relativement à vos droits, libertés, lois, fors, priviléges et franchises,
» savoir : que chacun d'eux sera par nous religieusement observé, conservé et maintenu
» durant tout le temps de notre vie. »

« Nous jurons de ne jamais les empirer,
» mais au contraire, de les rendre meilleurs
» et plus favorables. »

» Nous jurons de réparer tous les griefs
» qui vous ont été faits par nos prédécesseurs,
» par nous ou par nos officiers, ou qui à l'avenir vous seraient faits ; et ce, sur le droit
» et justice qui nous seront remontrés. »

Les Navarrais n'admettaient point la prison préventive avant jugement, ils réservaient à tous les prévenus la liberté moyennant caution ; car la prison préventive est déjà un châtiment, et il ne semble pas juste que l'on doive punir avant d'avoir condamné, avant de savoir si le prévenu est coupable, et jusqu'à quel point il l'est. Règle de justice qu'il n'est pas facile d'introduire sans inconvénient, ailleurs que dans la législation d'un petit peuple de montagnards, dans un petit pays d'honnêtes gens, où l'opinion publique est toute-puissante. Le prince royal était tenu, parfois, de jurer tout particulièrement cette clause du For national :

« Nul homme ou femme de Navarre qui
» fournit caution selon son for (droit), ne
» peut, sous aucun prétexte ni pour aucun
» motif, être conduit ou détenu en prison, à
» moins toutefois que le prévenu n'ait déjà
» subi une condamnation pour brigandage
» sur la voie publique ou crime de haute tra-
» hison. »

Le serment prêté au roi de Navarre par les varons ou hommes sages, au nom du peuple, était fort court. Les montagnards avaient soin de ne pas promettre plus qu'ils n'avaient envie de tenir, mais, par exemple, ils juraient au roi de l'aider de tout leur loyal pouvoir, à être honnête homme.

« Nous varons (hommes sages) de Navarre,
» en notre nom et en celui de tous les in-
» fançons et guerriers, jurons sur cette croix
» et évangiles que nous touchons de notre

» main, de fidèlement servir votre personne
» et votre terre, et de vous aider de tout notre
» loyal pouvoir à maintenir et défendre nos
» fors et notre liberté. »

Quelques rêveurs ont écrit que plusieurs grandes nations de l'Europe, à commencer par l'Angleterre, avaient emprunté aux Euskariens la première idée, bonne ou mauvaise, de leurs chartes constitutionnelles. Nous confesserons ingénument, que c'est le comble de l'insolence de leur part, d'oser croire que tant de nations illustres aient jamais eu besoin de prendre en cela les leçons d'une poignée de montagnards, petit peuple incivilisé. Tous les wighs de Londres et les libéraux de Castille seront de notre avis, et approuveront notre déférence pour leurs lumières. Il faut rendre à chacun la gloire qui lui est due.

Ajoutons, pour en finir et pour être sincère en tout, que jamais charte au monde n'a été respectée comme celle des Navarrais. Depuis Sanche-le-Fort, le dernier des rois Basques montagnards, qui mourut au treizième siècle, tous les rois de race ou de langue étrangère trouvaient, il est vrai, les Navarrais fort indociles, et n'aimaient guère à vivre au milieu d'eux. Un prince champenois ou gascon, à qui il est défendu d'introduire à son service, ou d'avoir autour de sa personne, plus de cinq courtisans de son pays natal, est mal à son aise sur un trône où il n'y a que du bien à faire, de la gloire à acquérir et des lois à respecter, pour le bonheur d'une petite nation dont on ne comprend pas la langue. Charles-le-Mauvais savait bien le dire; il fut le seul qui osât braver ces fors insolents, une fois en sa vie; et il fut aussi sur le point d'apprendre ce qu'il en coûtait.

Ceci nous conduit tout naturellement à raconter l'histoire du *Pont des langues*, et celle d'un roi que les Haut-Navarrais poursuivaient la corde à la main, et qu'ils auraient infailliblement pendu haut et court, à quelque branche d'arbre servant de potence, si les Bas-Navarrais, exhortés à cela par MM. de Luxe et de Belsunce, n'avaient favorisé la fuite du monarque, en lui sauvant, non pas l'honneur, il n'en avait pas, mais la vie. Pendre un roi! Et cela chez un noble peuple, noble avant et depuis Juvénal, *nobilis ille populus!* chez qui tous les condamnés à mort pour crime de haute trahison, avaient la tête tranchée, comme de vrais gentilshommes, sans être exposés à l'humiliation d'être pendus ou étranglés comme de vils coquins! Pendre un monarque! Et quel crime avait-il donc commis en Navarre, lui qui en avait tant commis d'autres en France et à Paris?

CHAPITRE XXIX.

Le Pont des langues.

Charles II, le Mauvais, comte d'Évreux, fut couronné roi de Navarre le 27 juin 1350. Il avait de l'esprit, de l'éloquence, et une incroyable hardiesse... dans le crime. Il épousa, en 1353, Jeanne de France. Devenu ainsi gendre de Jean-le-Bon, Charles-le-Mauvais se montra toute sa vie l'ennemi le plus acharné de la maison de France.

Jean-le-Bon donne à Charles d'Espagne de la Cerda, connétable de France, le duché d'Angoulême; Charles-le-Mauvais, irrité de ce que le roi de France lui avait refusé ce duché qu'il demandait pour sa femme, fait escalader par ses malandrins le château-fort de l'Aigle, en Normandie, où le connétable s'était réfugié ; Charles de la Cerda fut assassiné, égorgé dans son lit.

Le Mauvais est jeté en prison : on le transporte de Château-Gaillard au Louvre, de là au Chatelet, et enfin au fort d'Alleux, dans le Cambrésis, où, après la bataille de Poitiers et la captivité du roi Jean, on le logea dans le donjon le plus inacessible. Le Dauphin, celui qui a porté le premier ce titre en France, craignait que le Mauvais ne parvînt à s'évader ; et en cela ses craintes étaient trop bien fondées. Ce qu'il ne prévoyait pas encore, c'est que Charles tenterait un beau jour de l'empoisonner.

Les historiens français font honneur de l'évasion du Mauvais à Péquigni, gouverneur de l'Artois. L'un invente des échelles de corde, l'autre fait prendre d'assaut par des Normands le donjon du royal prisonnier. C'est ainsi que l'on écrit l'histoire, avec des mensonges. Eh quoi, bonnes gens, cela vous étonne ! Réfléchissez.

Un fait grave se passe pendant la nuit dans votre ville, dans votre rue, à deux pas de votre maison ; vous ne l'avez point vu : le lendemain circulent trente versions différentes. Celui-ci brode, celui-là dénature les circonstances, un troisième en invente d'imaginaires, beaucoup mentent, ou parce qu'ils sont nés menteurs, ou par passion, par intérêt, par calcul; à votre tour, vous forgez, selon le genre d'esprit que Dieu vous a donné, une version tout aussi peu croyable que toutes les autres: nul ne saura l'exacte vérité des choses.

Et vous auriez la prétention de savoir point par point de quelle façon Charles-le-Mauvais est sorti du fort d'Alleux en Cambrésis, en l'an de grâce 1357, il y a 498 ans, sur la foi d'une demi-douzaine d'historiens qui ne sont pas d'accord entre eux !

Tout homme est menteur, surtout l'historien. Dupe de sa vanité, de ses erreurs; instrument du parti qu'il sert ou qui le paie, des haines qu'il épouse ou de celles dont il redoute la vengeance; valet de plume, au fond, quelle que soit la position qu'il occupe dans la société, il ne se dit jamais la vérité à lui-même : et vous voudriez qu'il sache la dire aux autres? Quelle naïveté !

Oui, l'histoire est une muse fardée, une comédienne qui monte sur tous les tréteaux, revêt tous les costumes, débite tous les rôles, au gré des entrepreneurs du spectacle et des acteurs de la pièce que l'on jouera éternellement sur le grand théâtre du monde. Heureux les hommes pour qui la vérité sort de son puits, et à qui elle se montre toute nue!

La vérité du fort d'Alleux en Cambrésis

était habillée en charbonnier picard. Charles-le-Mauvais faisait grand feu; on était en novembre; cinq Basques, Ayanz, Artieda, Urriz, Lehet, et le Labourdin Garro (un baron, la meilleure lance de l'Europe et vainqueur dans mille tournois), se déguisent en charbonniers, cachant leurs armes; ils se mêlent aux charbonniers picards chargés de l'approvisionnement du château et qu'ils avaient gagnés à leur querelle, ils entrent dans le fort, massacrent le gouverneur, les soldats, tout ce qui fait résistance, et tirent Charles-le-Mauvais de sa prison. Triste cadeau qu'ils faisaient à la Navarre et à la France!

C'était le beau temps des Écorcheurs, Routiers, Malandrins et Coutereaux, auxiliaires naturels de la Jacquerie.

Charles-le-Mauvais fut l'ami de Pierre-le-Cruel; il proposa tout bonnement à son chambellan, le loyal Ramirez Avellano, l'assassinat de Henri de Transtamare, dans une entrevue qui devait avoir lieu entre princes. Avellano ayant refusé de commettre ce crime, eut beaucoup de peine à échapper aux poignards de Pierre-le-Cruel, aux poisons de Charles-le-Mauvais. On craignait qu'il ne révélât le secret de la proposition faite.

Plus tard, ayant fait un traité avec Transtamare et promis de faire la guerre au Cruel, le Mauvais disait à Henri : Je compte sur vous: mais trouvez bon que je prenne en otage de votre fidélité au traité, votre fils Henriquez et votre fille Léonore (je les empoisonnerai, si tu manques à ta parole). Les otages furent livrés.

Tout le monde sait comment Pierre-le-Cruel, bloqué par son frère dans le château-fort de Montiel, se rendit secrètement dans la tente de Bertrand Duguesclin pour négocier avec le connétable un traité d'évasion. Henri survient, il entre, la dague au poing. Duguesclin, montrant Pierre de la main, dit à Henri: Voilà votre frère. — Oui, c'est moi! répond aussitôt le Cruel. Les deux frères se ruent l'un sur l'autre. La lutte fut courte ; Henri, terrassé, allait recevoir le premier coup, si Duguesclin et le vicomte de Roquebert n'avaient retenu le bras du Cruel. Transtamare reprend le dessus, renverse Pierre à son tour, lui plonge sa dague dans le cœur, coup mortel! et se relève, pâle, hagard, tout sanglant, sur le cadavre de son frère. Il était roi de Castille.

Charles-le-Mauvais, accusé d'avoir empoisonné sa femme Jeanne, reine de Navarre, laquelle venait de mourir subitement à Évreux, tente de faire empoisonner le roi de France. Il ne voulait que lui succéder sur le trône: ses deux émissaires Durieu et Dutertre furent pendus et écartelés. Détail pittoresque. Les historiens lui reprochent aussi d'avoir fait la tentative d'empoisonner les ducs de Berri et de Bourgogne.

Inès, sœur du Mauvais, avait épousé Gaston Phébus, comte de Foix et prince de Béarn. Il naquit de ce mariage un fils appelé Gaston, orné d'esprit, de gentillesse, de beauté. Il fit un voyage à la cour de Pampelune, où la princesse Inès résidait volontiers, car Gaston Phébus ne l'aimait pas trop ; son fils l'adorait ; le jeune Gaston n'avait que quinze ans. Le beau prince allait retourner en Béarn. « Tenez, lui dit son royal oncle, le Mauvais : voici un petit sachet où il y a une poudre subtile ; vous en mettrez une pincée dans quelque plat préparé pour votre père. Vous savez que votre mère a à se plaindre de lui : cette poudre est un philtre merveilleux qui lui rendra sur le champ toute l'affection qu'il doit avoir pour elle. Allez, soyez heureux, gentil neveu ; mais surtout, gardez-vous bien de parler à personne du remède que je vous recommande d'employer. Ceci est un secret de famille royale, qu'il ne faut pas divulguer. »

Le jeune Gaston ne manqua pas de jeter la pincée de poudre dans un mets préparé pour son père ; mais il fut surpris dans cette manœuvre : grand émoi. On met le plat devant un chien, qui en mange et crève sur le champ.

L'enfant interrogé avoua tout, avec la naïveté de son âge; et l'histoire du philtre, et la folle persuasion que le roi de Navarre lui avait mise dans l'esprit. L'horreur du soupçon qu'il inspirait à son père, dans le cachot où l'on le jeta, le mirent au désespoir; il refusa toute nourriture. — Ah! tu ne veux pas manger! Et son père Gaston Phébus, prince sage et de haute entreprise, dit Froissard, lui desserrait les dents avec une dague. Il mourut de faim, selon les uns, et selon d'autres, de la main même de son père, qui lui aurait plongé sa dague dans la poitrine. Vérité horrible de toute part.

Charles II, comte d'Évreux et roi de Navarre, était le mauvais génie qui faisait mouvoir les ressorts de ce double crime. Parricide! Infanticide!..

Le Mauvais n'était pas toujours, ni souvent en Navarre. Une fois qu'il parcourut le royaume, les députés d'une commune vinrent lui remontrer respectueusement que, pendant son absence, quelques-uns de ses officiers avaient contrevenu à quelque loi ou for du pays, à leur détriment. La harangue était faite au bout d'un pont que le roi devait traverser; l'histoire ne dit pas si les villageois y avaient élevé quelque petit arc de triomphe en son honneur. — Voilà des gens qui parlent fort impertinemment, dit le Mauvais. Il me prend envie de leur faire tirer la langue.

Et il les fit pendre sans désemparer.

Lecteur, si vous avez voyagé en Angleterre, vous aurez vu des pendus; ou, si vous avez voyagé en Espagne, des étranglés, quoique le bourreau ait soin de jeter un voile sur la face du patient, presque aussi vite qu'un tour de garrot, rude cravate! vient lui serrer le cou. Oubliez ce cadavre convulsif, cette face livide, ces yeux sanglants sortant de leur orbite, et cette langue que Charles-le-Mauvais voulut faire tirer aux députés d'une noble et bonne peuplade, venant lui exposer leurs griefs et lui faire de justes remontrances. Mais les Navarrais qui regardèrent le tableau de cette exécution, après que le roi s'était éloigné, n'étaient pas gens à en perdre la mémoire.

La nouvelle se répand, chacun accourt au pont de malheur où sont les victimes; pont que le peuple, grand improvisateur, appelle depuis lors le pont de Miluce (*mî*, langue, *luze*, longue); un cri d'indignation, de fureur, éclate dans la foule des montagnards. On court aux armes, on se munit de cordes, on part, on est parti, à la poursuite de Charles-le-Mauvais, qui déjà fuyait du côté de la France, car il n'y avait pas une minute à perdre, et les Navarrais vont très-vite en besogne.

— Qu'y a-t-il donc? Que se passe-t-il?

— Allez au pont de Miluce; on vous le dira!

— Où allez-vous donc? Qu'allez-vous faire?

— Nous allons pendre monsieur le comte d'Évreux, le roi Charles.. Aux armes! arrivez tous. Et surtout de la corde! beaucoup de corde! car il en faudra.

C'est ainsi que Charles-le-Mauvais fut poursuivi jusqu'aux limites de la mérindé de Basse-Navarre, en traversant la fameuse vallée où le paladin Roland perdit la vie, en nous léguant ses bottes, que l'on garde à Roncevaux. Charles, gagna de vitesse les Haut-Navarrais qui le poursuivaient; ou bien l'intervention d'une troupe amie, conduite par messieurs de Luxe et de Belsunce le préserva des effets de leur colère; il nomma ses deux libérateurs ricombres, en récompense du service qu'ils lui avaient rendu.

La vie de Charles-le-Mauvais fut suivie d'une belle mort: l'une valait l'autre. Cet homme d'esprit, intrigant au possible, fourbe, cruel avec lâcheté, assassin, empoisonneur, etc., était en outre un débauché. La maladie, si ce n'est les remords, le rongeait cruellement;

il avait la lèpre et se faisait envelopper dans des draps trempés dans de l'eau de vie et du soufre, que l'on cousait sur lui. La duègne qui procédait à cette agréable opération, était fort distraite un certain jour; ayant à couper un fil, elle ne retrouvait plus ses ciseaux. Charles-le-Mauvais avait l'impatience la plus hargneuse, le lépreux, et une sorte de glapissement de chacal, dans ces applications du grand remède à l'esprit de vin sulfuré : la duègne, tremblante, prit fort imprudemment un flambeau pour brûler ce maudit fil qu'elle ne pouvait autrement couper, n'étant pas tentée d'y porter les dents.

L'effet inévitable de combustion fut instantané : voilà Charles-le-Mauvais en flammes ! Le roi de Navarre brûle !...

Le malheureux, consumé jusqu'aux os, mourut à Pampelune le 1er janvier 1387, à l'âge de cinquante-quatre ans. Ses noires intrigues, ses crimes, le mal qu'il fit au royaume de France et le genre de sa mort l'ont rendu assez célèbre dans l'histoire européenne. Il avait eu la précaution de faire des dons magnifiques à plusieurs églises et à presque tous les couvents de la Navarre. Cette bonne œuvre est toujours profitable pour le ciel; mais elle est surtout utile à la renommée des princes, dans un petit pays de montagnes, à des époques où l'histoire locale n'est écrite que par des moines, hommes très-pieux, ne croyant pas au mal, et toujours reconnaissants du bien qu'on leur fait pour le salut de son âme.

Le père Aleson, continuateur des *Annales de Navarre* par le père Moret, nous présente Charles II comme un bon prince et un grand roi. Charles-le-Mauvais un grand roi, un bon prince !

Vérité historique affublée d'une robe monacale.

Ils n'en parlaient pas comme Aleson, ceux qui furent chargés d'ensevelir le monarque.

La vérité toute nue était là.

CHAPITRE XXX.

La Basse-Navarre.

(Le voyageur impatient nous fait une mauvaise querelle).

— Monsieur l'Itinéraire, vous plairait-il d'arriver au plus vite à Biarritz, par cette délicieuse vallée de Soule que vous aimez tant?

— Volontiers. Marchons, courons. Dès le village de Charritte, le paysage se rembrunit, les cultures commencent à être moins belles et moins riantes, l'herbe fait place à la bruyère sur les collines : tout annonce au voyageur la proximité de l'ancienne mérindé de Basse-Navarre, ou plutôt de ce microscopique royaume de Navarre dont la réunion à la France date de l'avènement d'Henri IV.

— Je sais tout cela. N'allez pas me recommencer l'histoire de France.

— Les Bas-Navarrais résistèrent avec succès à l'édit d'union rendu par Louis XIII; ils réussirent à conserver leur titre de royaume et leurs priviléges d'indépendance. En 1789, les députés de la Navarre, Paulverel et les marquis de Logras et Duhart protestèrent contre l'édit d'union porté à l'assemblée nationale, et revinrent à leurs montagnes, après avoir déposé à Versailles un beau cahier de griefs et remontrances.

— J'ai lu tout cela, et ce que dit un auteur contemporain, que « il y a un sentiment es-
» timable et généreux dans le dévouement de
» ces vieilles communautés politiques, s'atta-
» chant avec d'autant plus d'ardeur à leurs
» antiques lois, fors et priviléges, que le mo-
» ment de leur ruine totale était le plus pro-
» chain. »

— Héroïsme dans la faiblesse : cette protestation était un saint respect pour la gloire d'un beau passé historique. Quelque gain que l'on fasse au changement, il est des armes si vénérables, qu'on ne les livre point en guise de trophée; on les brise : c'est le dernier hommage rendu par les fils d'un pays à ses ancêtres. Il est des jours où certaines institutions ne peuvent éviter de périr; mais, comme le gladiateur antique, il faut savoir tomber hardiment, avec noblesse.

— Idée pittoresque, rendue en style classique. J'aime beaucoup l'histoire, mais je préfère les Bains de mer.

— Quoi ! vous ne voulez point qu'on vous raconte de quelle façon Catherine de Foix et Jean d'Albret perdirent la Navarre espagnole au profit de la maison de Castille ?

— A quoi bon ? Sera-ce pour nous dire que Jean d'Albret était un prince fort doux et qu'il jouait admirablement de la flûte ? Il n'y a qu'un seul mot historique dans toute cette affaire ; celui que la belle Catherine adressait à son faible mari, après l'expulsion : « Sire mon roi,
» si j'avais été Jean et vous Catherine, nous
» n'aurions pas perdu cette belle couronne de
» Navarre que je regrette tant. Elle est au-
» jourd'hui sur la tête de Ferdinand, qui porte
» de longs cheveux pour imiter les Basques ;
» c'est Isabelle qui est assise sur mon trône,
» avec sa jupe aragonaise qu'elle a toujours
» conservée, et dont la taille se fronce et lui
» fait croupion au haut du dos, le tout sur-
» monté de belles collerettes bien empesées,
» plus hautes que les oreilles. Jouez de la
» flûte, sire mon roi, jouez de la flûte, puis-
» que cela vous donne tant de plaisir ; mais

» moi, de toute ma vie, je ne me consolerai
» de cette perte de la Navarre. »

— Charles-le-Mauvais eut pour successeur Charles-le-Noble, celui qui....

— Celui que.... Le chemin de Biarritz, s'il vous plaît.

— La première ville que l'on trouve en Basse-Navarre en arrivant d'Espagne par Roncevaux, est celle de Saint-Jean-Pied-de-Port, ancienne capitale de la mérindé-royaume : c'est la patrie de Jean Huarté, l'auteur de l'*Examen des Esprits*, ouvrage écrit en castillan et traduit dans presque toutes les langues de l'Europe, qui valut à cet écrivain navarrais une brillante réputation au seizième siècle. La citadelle de Saint-Jean-Pied-de-Port, bâtie sur un monticule qui domine la vallée, est celle que Vauban appelait sa *bonbonnière,* son *bijou.* Dans le trajet de cette ville à Saint-Palais, siége du tribunal de première instance, tout Basque, naturellement, et le voyageur, par suite du respect que l'on doit aux noms historiques et aux illustrations militaires d'un pays, saluera le château de Lacarre et le tombeau du maréchal comte Harispe.

Ce nom est inscrit, parmi les plus glorieux, sur l'Arc-de-Triomphe, à Paris. Il est beau d'être placé avec honneur au rang des héros que produisirent les guerres de la Révolution française et de l'Empire ; d'être leur digne rival par l'intrépidité et le talent militaire : c'est au maréchal Harispe que l'histoire particulière des Basques-Français devra l'avantage d'avoir fourni sa part d'illustration à ces immortelles pages de l'histoire de France. Le rôle de l'Itinéraire ne permet pas d'entrer dans les détails biographiques.

Les voitures qui partent journellement de Saint-Jean-Pied-de-Port (port, de *bortu*, montagne) pour Bayonne, se rencontrent avec celles qui arrivent de Mauléon, à Saint-Palais. Cette dernière ville, s'il faut en croire la légende et les chroniques, doit son nom à un jeune saint, Pelayo ou Pélage, martyrisé par les Arabes-Maures; quoique les Musulmans espagnols n'eussent guère l'habitude de martyriser les chrétiens dans le sens que le martyrologe donne à ce mot. Elle est arrosée par la Bidouze : bâtie dans une espèce d'enfoncement de terrain, eu égard aux coteaux qui l'environnent, la ville n'y perd rien de sa salubrité et n'en est pas moins agréable, surtout par l'aménité encore un peu souletine de ses habitants.

— N'y a-t-il pas un méchant bon mot sur une montagne qui exista jadis à Saint-Palais?

— A l'époque terrible où les Jacobins

créaient des montagnes par toute la France, Saint-Palais eut la sienne; et les gens de qualité du lieu, qui n'aimaient pas ces montagnes, pour cause, lui donnèrent le surnom de Trou-Bidouze; mais la vérité est que personne n'y fut jamais englouti. Il n'en est pas de même de la Bidouze.

— Comment cela?

— Voyageur, n'oubliez pas ceci : la Basse-Navarre produit des vins exquis, quoique un peu capiteux; vous mangerez à Saint-Palais du meilleur pain que l'on sache faire, non-seulement dans le pays basque, renommé pour cela, mais dans toute la France; ce qui est infiniment dire. Le froment que l'on récolte dans quelques vallées de la Basse-Navarre lui donne cette perfection de qualité. Mais, voyageur que vous êtes, et gourmet selon toute apparence, alors que le grand air et la vie active mettent l'homme en appétit, n'allez pas prendre la Bidouze pour la brillante rivière Saison, ni lui demander de ces excellentes truites dont vous fûtes régalé : vous n'en mangerez plus, à moins que l'on ne vous en apporte de Soule; ce que l'on fait pourtant : la Bidouze n'en produit point de pareilles, elle n'en produit pas du tout. Ah! ce n'est point là que le grand saint Pierre serait venu jeter ses filets, pour prendre des truites!

— Les grands saints font quelquefois de grands miracles.

— On leur en demande aussi quelquefois. Autrefois, il y a plus d'un siècle, il y a plusieurs siècles, si mieux vous plaît, quand une sécheresse, fatale aux moissons de la Basse-Navarre, se prolongeait trop, au grand désespoir des paysans montagnards, on faisait des prières publiques au ciel, et une procession dans laquelle la statue de saint Pierre était promenée en triomphe, avec amour, avec espérance; on allait ainsi jusqu'au pont de la Bidouze, en chantant. Et savez-vous ce qui arrivait?

— Il pleuvait.

— Non pas toujours; et au-dessus d'une terre aride et brûlante, il restait quelquefois un ciel d'airain, ciel embrasé. Nouvelle procession, le jour suivant; pas de pluie. Le Basque est un peu naïf, dit-on, un peu sauvage peut-être, mais c'est un vrai croyant; il est sincère et positif en tout. Quand il implore l'appui d'un intercesseur auprès des puissances de la terre, et que l'influence de celui qui le protège est réelle, il s'attend à un plein succès; ou, s'il est trompé dans son attente, il suppose que le protecteur y met peu de zèle ou un peu de mauvaise volonté.

— C'est le raisonnement des gens qui ne savent pas douter.

— C'est le raisonnement que les Basques de ce temps-là faisaient avec saint Pierre. La protection efficace qu'ils demandaient aux grands de la terre, ils l'attendaient avec une foi bien plus vive, de la part des puissances du ciel dont ils invoquaient l'intercession. Une fois, deux fois, trois fois, saint Pierre, on vous supplie de nous faire accorder de l'eau, une bonne pluie !

Mais si, à la troisième fois, il n'y avait pas de remède à la sécheresse, les montagnards, irrités, supposaient que le saint avait eu peu de crédit, ou qu'il n'avait pas voulu en user; sa statue était jetée dans la rivière.

— L'histoire du moyen âge est pleine de ces saillies populaires, beaucoup plus espagnoles que françaises, qui peignent l'époque et les mœurs. Reprenons le chemin de Biarritz, s'il vous plaît.

— En passant par Garris, lieu célèbre autrefois, et dont le nom est très-populaire chez les Basques. Garris est situé à une petite lieue de distance de Saint-Palais, et l'on y arrive, c'est-à-dire on y monte, par une route dont la pente est trouvée toujours trop longue par ceux que leurs infirmités condamnent à la franchir en voiture. — Garris est, si notre mémoire est bonne, le Carisium de l'Itinéraire d'Antonin, cité vasconne ; mais dont nous ne dirons rien, de peur de mêler les impressions contemporaines avec tous les vieux souvenirs de localité, peu intéressants pour les voyageurs de France.

— Vous avez bien raison. Il est des gens qui s'extasient devant la moindre ruine. Ils sont profondément surpris de ce que les montagnes n'ont point changé de place depuis deux mille ans : ce qui les émerveille, c'est de retrouver un village basque, tout juste au même endroit où un Romain le visita. Qu'est-ce que cela prouve ?

— Rien, sinon que l'emplacement était bien choisi pour s'y établir, et que ceux qui l'avaient bâti, ou ceux qui y vécurent plus tard, surent très-bien s'y défendre. L'histoire d'un peuple dispense d'entrer dans ces détails; mais aux gens qui ne savent être qu'érudits, et qui manquent d'idées, il faut bien quelque petite ruine, pour la vénérer et pour en parler; un peu de vieux ciment, quelque débris d'arme antique ou de vase étrusque (comme si nous disions vase grec), enfin le premier bas-relief venu ; par exemple, celui qui a été fabriqué tout récemment par un artiste facétieux, écorné, et soumis en cet état à un antiquaire....

— Vous ne faites point cette satire sans intention.

— Lequel présenta le bas-relief, débris vénérable, à une académie de province, accompagné d'un vaste mémoire explicatif.

— A qui en avez-vous ? A quelque détracteur des Basques, sans doute ?

— Laquelle envoya le bas-relief et le mémoire à une plus grande académie de Paris...

— Qui, enfin, se douta du subterfuge ; car le Parisien n'est pas moins savant que sceptique ; il est par-dessus tout prudent, précautionné, méfiant, spirituel ; il aime à douter même de ce qu'il croit très-bien savoir ; ce sont de rares qualités que lui donne l'air de la grande ville. Mais, vous, itinéraire, vous devenez bavard.

— On cause avec le voyageur : l'air de Garris est tout aussi contagieux que celui de Paris. Il se tient dans l'antique Carisium un grand marché par quinzaine, alternant avec celui de Saint-Palais. Allez les voir : vous y remarquerez que le Bas-Navarrais n'est pas grave et majestueux comme le Basque-Labourdin, population qui se ressent du voisinage d'une cathédrale, ni poli et tranquille au premier abord comme le Souletin ; mais plus vif, plus emporté et plus bruyant que les deux autres types euskariens. Le marché de Garris a toute la physionomie du caractère saillant de la population qui s'y rassemble : on y venait autrefois en très-grande foule; c'était comme un bazar général des trois provinces, avec une merveilleuse foire annuelle qui a fourni un proverbe.

— Lequel?

— Introduisez le Basque dans une réunion d'hommes et de femmes (on ne dit pas un salon), et aux galeries d'une assemblée littéraire, académique ou politique (s'il y en avait de telles), où tout le monde à la fois s'agite, parle, crie, et où personne ne s'entend ; il dira : *C'est ici le marché de Garris.*

— Belle épigramme ! On voit bien que les faiseurs d'itinéraires ne sont pas des académiciens.

— L'Itinéraire respecte toutes les académies de la terre ; et non moins profondément tous les savants qui n'en font point partie ; ils sont en grand nombre, à une époque de progrès scientifiques pareille à la nôtre. Mais n'allons pas oublier un autre proverbe basque, symbole de toute promesse dérisoire, invariable réponse à toutes les importunités d'un enfant, d'une toute jeune fille, qui tourmente ses parents au sujet de quelque emplette que l'on ne songe point à faire : *Je vous achèterai cela à la foire de Garris.*

— Je vous renvoie aux calendes grecques.

— Aux calendes des Grecs qui n'en avaient pas. Il est certain que la bimbeloterie et le mirliton doré de Garris ont eu beaucoup de réputation dans le pays ; et tout homme qui revenait de la foire de Carisium, sans rapporter chez lui les emplettes d'usage, des cadeaux pour chacun, des jouets pour tous les âges de la vie, aurait été fort embarrassé de répondre à cette question faite à brûle-pourpoint par tous les membres de sa famille: *Eta ene feirac?* Et mon mirliton ?

— Que l'on revienne de Garris ou de Pantin, ceci est de l'histoire universelle. Où allons-nous maintenant ?

— A Biarritz, par Hasparren que nous traversons en ce moment. Nous voilà, déjà, dans l'arrondissement de Bayonne.

CHAPITRE XXXI.

Hasparren.

Ce bourg, dont la banlieue est très-riante, très-bien cultivée, a six mille âmes de population; il s'y tient un marché que l'on sait être le plus important du pays basque. L'état florissant de la culture des terres n'empêche pas les Hasparrénois de se livrer avec succès à diverses branches utiles et productives d'industrie : on compte au milieu d'eux plus de deux mille ouvriers en laine, corroyeurs, cordonniers, chocolatiers, etc. On y fabrique aussi, ainsi qu'à Ayherre, ces grosses et fortes étoffes que l'on expédie pour la Belgique et le nord de la France sous le nom de *marrègues*.

— Tout cela est fort respectable, sans doute; mais....

— Tout cela ne semble pas assez intéressant et pittoresque à un voyageur impatient d'arriver. Patience.

C'était en 1786, le 1ᵉʳ octobre. Le bruit s'était répandu à Hasparren, que la gabelle allait être établie dans la bourgade, et que le gouverneur de Bayonne, marquis de Caupenne, arrivait, à la tête de la maréchaussée, pour en faire la perception. Indignation, colère. Les Basques ont eu de tout temps une répugnance instinctive pour le gabelou.

Au mot de gabelle, les femmes de Hasparren courent, montent au clocher de l'église; le tocsin d'alarme sonne à grande volée. Qu'est-ce que c'est, qu'y a-t-il? Est-ce quelque incendie? — C'est la gabelle! et monsieur le gouverneur de Bayonne qui arrive à la tête de la maréchaussée pour nous la faire payer. Gabelle, gabelle! L'écho répète à tous les villages d'alentour, le terrible mot mêlé au bruit du tocsin. A cet appel du beffroi, les Basquaises du voisinage accourent à Hasparren, par bandes, armées de haches, de faux, de fourches, de fusils, tambour en tête. Les préparatifs de la résistance étaient on ne peut plus sérieux.

La tradition rapporte qu'il y avait parmi ces dames un certain nombre de demoiselles, de ces demoiselles que l'on voyait sortir de la montagne dans les moments critiques où l'on voulait n'opposer d'abord, à messieurs les archers de la maréchaussée, que des soldats en jupons, une insurrection féminine. Les demoiselles en question avaient de belles coiffures, des collerettes très-blanches et des mentons barbus. La foule grossit à vue d'œil, le tumulte s'accroît, redouble, les cris de menace éclatent de toute part. Monsieur le gouverneur de Bayonne avait ses éclaireurs; le rapport qu'on lui fit n'était pas rassurant : — C'est une armée de furies ! Elles sont plus de six mille !

Caupenne avait demandé en toute hâte, du renfort; la troupe arrive de Bayonne, par masses. Il était indubitable que les dames de Hasparren allaient avoir une affreuse mêlée avec l'armée du fisc.

Mais, déjà, par grand bonheur pour la population et pour la ville, le premier élan de colère avait été tempéré par les exhortations des hommes les plus sages, de tous ceux qui prévoyaient les terribles conséquences d'une collision, et surtout par la voix d'un bon curé, Haramboure, alors malade et d'autant plus écouté. D'ailleurs, la Révolution française était aux portes; les lois de l'ancien régime, que le fisc voulait imposer aux Basques, au moment même où elles devaient être anéanties dans tout le reste du royaume, ces lois allaient bientôt subir leur destin, que prévoyait tout le monde : la question de la gabelle fut donc posée sans combat à Hasparren. Mais le marquis de Caupenne ne pouvait perdre le souvenir du tocsin d'alarme et du carillon qui avait retenti à son oreille. Il exigea, en châtiment, qu'une portion du clocher de l'église de Hasparren fût démolie : clocher qui n'a été restauré qu'en 1816, trente ans après.

— Restauration pittoresque !

— Ce qui l'est beaucoup moins, c'est une pierre, une inscription latine trouvée en 1660 dans les fondements du maître-autel de l'église. Les antiquaires de la paroisse ont jugé avec raison, que cette inscription payenne ne devait pas avoir pour musée une belle église très-fréquentée par le peuple chrétien ; ils ont relégué la pierre monumentale dans un grenier : qu'elle y reste. Quant à l'inscription latine, elle a été reproduite partout.

Flamen, item duumvir, quæstor pagique magister,
 Verus ad Augustum, legato munere functus,
Pro novem obtinuit populis sejungere Gallos,
 Urbe redux, Genio pagi hanc dedicat aram.

« Vérus, grand-prêtre, duumvir, questeur
» et gouverneur de la bourgade, envoyé vers
» Auguste, a obtenu la séparation des neuf
» peuples (de la Novempopulanie) d'avec les
» Gaules. De retour de Rome, c'est au génie
» du lieu qu'il dédie cet autel. »

— Quel était ce Vérus ?

— Nous avons lu jadis la dissertation de l'abbé Veillet, en même temps que nous insérions dans l'*Ariel*, journal littéraire, l'histoire de la fondation de la cathédrale de Bayonne par ce vénérable théologal de la même cathédrale (*). Vérus, dit-il, était un favori de l'empereur Adrien, qui, etc. Le journal de Trévoux fut de l'avis de Veillet; un très-savant moine de l'époque était d'un avis tout contraire. Qu'ils s'arrangent entre eux : l'Itinéraire ne s'occupe point, à ce point de vue, d'histoire ancienne et d'antiquités.

— Vous avez raison : mon itinéraire ne doit point ressembler à un mémoire adressé à l'Académie des Inscriptions et Belles-Lettres.

— Hasparren a donné le jour à l'abbé d'Iharce de Bidassouet, auteur d'une *Histoire des Cantabres, ou des premiers colons de l'Europe.*

— Celui qui fait venir le nom de Versailles, du mot basque *bertzguille*, chaudronnier; alléguant pour preuve qu'il y eut anciennement beaucoup de chaudronniers à Versailles?

— Lui-même. Il n'y a de sérieux dans tout son livre que l'idée de la haute antiquité des Euskariens. D'Iharce avait établi son hermi-

(*) Manuscrit communiqué au journaliste par MM. Jules Balasqué et Eugène Daguerre-Dospital de Bayonne.

tage littéraire au pied de la colline appelée *Arroltze-mendi*, montagne de l'œuf, parce que cette colline a la forme d'un œuf, non pas couché, mais debout : « Que l'Egypte élève
» ses monceaux de pierre, pour satisfaire l'or-
» gueil d'un roi impuissant...; qu'elle place
» au nombre des sept merveilles du monde
» des pyramides énormes ; jamais elle n'éga-
» lera la structure merveilleuse de cette col-
» line. O colline miraculeuse, ô pyramide ad-
» mirable, chef-d'œuvre de l'architecte su-
» prême ! etc. » — Voilà un échantillon du style de l'abbé d'Iharce.

(Le voyageur sourit).

— Et pourquoi le citez-vous ?

— C'est notre devoir. Parlant du peuple que le voyageur visite, il faut lui faire connaître le tour d'esprit des écrivains auxquels il a donné naissance, même de ceux qui, par enthousiasme patriotique, et avec la bonne intention de rendre les Basques célèbres, ont écrit en leur honneur des pages...

— Ridicules.

— Et les historiens français qui font descendre les Français des Troyens et les Parisiens de Paris, fils de Priam : qu'en dites-vous ?

— Votre Bidassouet est de leur école, avec les Olhagaray et autres chroniqueurs qui donnent pour ancêtres à tous les petits princes de la Gascogne le divin Hercule et la chaste Pyrène. L'abbé d'Iharce aurait du naître au seizième siècle ; il est venu trop tard.

— Que parlez-vous de Pyrène, cette jeune et jolie fille du roi Bébrice, une Basquaise, ma foi! M. Lacour, en faisant l'éloge des amazones du pays, ne manque pas de citer Bidassouet, son ami, combattant « cette bête féroce
» altérée de sang, qui s'élance des forêts,
» brise sous sa dent cruelle les membres dé-
» licats de la tendre Pyrène, déchire ses flancs
» d'albâtre, et abandonne sur l'herbe ensan-
» glantée la jeune victime qui expire. »

— Hélas! Pauvre jeune princesse! Et dire que ses flancs d'albâtre, ses membres délicats, n'étaient rien autre chose, dans la pensée des inventeurs des fables mythologiques, que des montagnes verdoyantes, d'immenses blocs de roches granitiques, jetées entre la Méditerranée et l'Océan, lors du soulèvement de la chaîne des Pyrénées par le feu central, avec un feu croisé d'éruption de volcans souterrains! Ne serait-ce pas le Grand-Serpent, le *Herensugue*, qui aurait broyé la vierge Pyrène dans les bras d'Hercule ?

— Voyageur, vous avez de bonnes idées, et vous ferez des progrès dans la géogénie.

— C'est l'Itinéraire qui me l'a apprise:

un passage que j'y ai déjà lu m'a inspiré cela.

— L'abbé d'Iharce, malgré toutes ses folies d'enthousiasme patriotique, ses erreurs comiques et son incorrection littéraire, n'en était pas moins un bon homme, d'un esprit vif, enjoué ; et quand il en revenait à son basque, c'est-à-dire quand il parlait la langue qu'il savait le mieux, il n'était pas facile de lui donner la réplique. M. Lacour parle du bon accueil qu'il reçut dans l'hermitage littéraire de l'historien des *Cantabres, premiers colons de l'Europe.*

Sous un élégant berceau caressé par tous les zéphyrs de la montagne de l'œuf, était placée une table spacieuse, adossée à un pilier philosophique, portant ce dicton de la comédie, digne d'être écrit en lettres d'or:

Ici on mange pour vivre et non pas pour manger.

On y faisait quelquefois très-bonne chère, ce dit M. Lacour. — Mais comment faites-vous, historien des Cantabres, placé au centre de cette table, pour atteindre de si loin aux bouteilles et carafons que je vois briller à droite et à gauche, sur les rayons où ils sont rangés en bon ordre? — « Eh! mon très-cher, deux » personnes attentives sont toujours là pour » me servir. — Je vois que vous êtes un » pasteur-bey, un prêtre-pacha! » M. Lacour n'avait pas encore lu l'*Histoire des Cantabres,* quand il dînait avec l'abbé : sans quoi, dit-il, je n'aurais pas manqué de lui citer un beau passage de cette histoire :

« Avez-vous fait choix pour vous servir, de
» deux jeunes filles innocentes, à la démarche
» leste et gracieuse, dont les yeux, où brille
» la candeur, sont ombragés quelquefois par
» une chevelure ondoyante, qui vient molle-
» ment flotter sur leurs épaules ? »

— Reste à savoir ce que le prêtre-bey, l'abbé-pacha, aurait répondu à l'auteur des *Excursions en Grèce*, officier de la légion-d'honneur et sous-intendant militaire. Mais au milieu de tout cela, l'Itinéraire ne me dit point en quels termes l'abbé d'Iharce Bidassouet parle des Cantabres et de leur langue.

— Il prouve, à sa manière, que la langue basque pourrait fournir des éléments inappréciables à toutes les langues de l'univers : en quoi il n'aurait pas tort, si les grammaires pouvaient se marier et monter ménage dans quelque grand Phalanstère : citons encore du Bidassouet ; le style c'est l'homme.

« Que l'on convienne donc enfin qu'il n'y
» a aucune langue dans tout l'univers, qui
» approche plus de la langue que le Père
» Éternel a inspirée à Adam, soit par sa *pri-*
» *mordialité*, soit par son *antiquiorité*, soit par
» sa *perfectibiliorité*, soit par son *universabi-*

» *liorité*, soit enfin par son *inépuisabilité*, etc.,
» que l'idiome Basque. »

Le voyageur rit aux grands éclats, et s'écrie :

— Il faudra proposer à l'Académie française ces adjectifs pris et traduits littéralement des adjectifs euskariens qui y correspondent, pour la plus grande amélioration de toutes les langues de l'univers. O Itinéraire ! je vous l'avoue : celui de tous les auteurs basques que je préfère est d'Iharce de Bidassouet ! En voilà assez sur l'*Histoire des Cantabres*. Le chemin de Biarritz, s'il vous plaît.

— Un instant : puisque nous avons hasardé tant de citations joviales, nous pouvons encore en faire une, en l'honneur de Hasparren, pour finir ce chapitre ; celle-ci grave, sérieuse, relative à un penseur catholique : elle est empruntée à M. Y***, auteur des *Lettres à Polydore, sur Cambo et ses alentours* :

« Hasparren a donné naissance à l'abbé
» d'Iharce de Bidassouet, écrivain plus re-
» marquable par ses opinions singulières et
» paradoxales, que par sa science et son
» talent, et au colonel d'artillerie Etchegoyen,
» auteur du livre de l'*Unité*, ouvrage empreint
» d'une vive foi et d'une haute philosophie. »

CHAPITRE XXXII.

L'évêque de Marseille.

M. Ph. Le Bas, membre de l'Institut, dans son *Dictionnaire Encyclopédique de la France*, a consacré un article à la maison de Belsunce, ancienne famille de la Basse-Navarre, dont le chef était autrefois colonel-né des milices du Val d'Arberoue.

Le premier membre connu de cette famille est Roger de Belsunce, qui acquit, en 1154, la vicomté de Macaïe, dans le pays de Labourd.

On doit citer parmi ses descendants, Guillaume Arnaud, grand chambellan, et l'un des officiers les plus dévoués de Charles-le-Mauvais ;

Garcie Arnaud II, celui qui signa, avec les seigneurs de Grammont et de Luxe, le traité de paix fait en 1384 entre la France et l'Espagne;

Jean IV, conseiller de Jeanne de Navarre, mère de Henri IV, et l'un de ceux en qui elle avait le plus de confiance;

Enfin, Jean V, qui jouit d'une grande faveur auprès d'Henri IV et de Louis XIII.

Henri-François-Xavier de Belsunce de Castel-Moron, né au château de la Force en Périgord, le 4 décembre 1671, descendait d'une branche cadette de cette maison.

D'abord jésuite, ensuite grand vicaire d'Agen, puis évêque de Marseille en 1709, il fit l'admiration de toute l'Europe par son zèle héroïque et par le dévouement de sa charité durant l'horrible peste qui désola cette ville en 1720 et 1721. Le roi crut le récompenser en le nommant, en 1723, à l'évêché de Laon (duché-pairie); mais Belsunce refusa pour ne pas se séparer de l'église à laquelle il avait fait le sacrifice de sa vie et de tous ses biens. Il refusa de même, en 1729, l'archevêché de Bordeaux. Il en fut dédommagé, dit M. Le Bas, par deux riches abbayes, et par le privilége de porter en première instance, à la grand'chambre du parlement de Paris, toutes les causes qui regardaient les bénéfices de son diocèse. Enfin, le pape Clément XII le décora du pallium en 1731.

Le reproche que le biographe fait à Belsunce, comme la seule tache que l'on puisse trouver dans la vie, d'ailleurs si glorieuse, de ce vertueux prélat, est celui d'avoir persécuté comme jansénistes les fidèles que son héroïsme avait arrachés à la contagion: un attachement excessif pour les jésuites, ses anciens confrères, l'entraînait. Nous ne pourrions, en ce siècle, nous faire une juste idée de l'aigreur que cette grande querelle entre Jésuites et Jansénistes, soutenue de part et d'autre par des hommes vraiment illustres, avait semée dans tous les esprits. Il suffira de citer un passage des *Mémoires* du duc de Saint-Simon, dont le style n'est jamais bien littéraire, pur, incisif, que dans les portraits qu'il fait, quelquefois avec une rare malveillance de grand seigneur, mais toujours tracés de main de maître (*) :

» A Marseille, le roi nomma l'abbé de
» Belsunce, fils d'une sœur de M. de Lausun.
» C'était un saint prêtre, nourrisson favori du
» père Le Tellier, qui avait été longtemps
» jésuite, et que les jésuites mirent hors de
» chez eux dans l'espérance de s'en servir
» plus utilement, en quoi ils ne se trompèrent
» pas. Il était trop saint et trop borné, trop
» ignorant et trop incapable d'apprendre

Édit. Delloye, tome 15, page 9,

» pour leur faire le moindre honneur ni le
» plus léger profit. Évêque, il imposa avec
» raison par la pureté de ses mœurs, par son
» zèle, par sa résidence et son application à
» son diocèse, et devint illustre par les pro-
» diges qu'il y fit dans le temps de la peste,
» et après par le refus de l'évêché de Laon,
» pour ne pas quitter sa première épouse. »

Nous omettons la suite du portrait : la désapprobation des hommes d'esprit et des écrivains de talent serait une arme terrible, et ferait d'incurables blessures pour l'avenir, si l'entraînement des passions que l'on retrouve, sous une forme ou sous une autre, à toutes les époques de l'histoire, ne rendait leur style trop acerbe, trop cruel. Les catholiques ont leur opinion ; les indifférents en matière de religion, et les philosophes, ont aussi la leur, sans doute. N'allons pas faire intervenir ces grandes voix dans une biographie d'Itinéraire. Le jugement de la postérité sur l'homme est arrêté. Millevoye a célébré le dévouement de l'évêque dans le poème intitulé *Belsunce* ou *la Peste de Marseille*. Pope, dans son *Essai sur l'homme*, a mis un *pourquoi* que l'on a traduit en beaux vers :

> Lorsqu'aux champs de Marseille un air contagieux
> Portait l'affreuse mort sur ses rapides ailes,
> Pourquoi, toujours en butte à ses flèches mortelles,
> Un prélat, s'exposant pour sauver son troupeau,
> Marche-t-il sur les morts sans descendre au tombeau ?

— Pourquoi ?

— Parce que le dévouement aux hommes porté jusqu'à l'héroïsme, est la première et la plus sainte des vertus; parce qu'il y a contre toutes les pestes les plus noires, un antidote puissant, souverain, providentiel, dans cette sublime énergie du cœur; parce qu'on ne demande plus après cela, si les héros que le peuple bénit et révère dans les grands désastres, dans les grandes calamités publiques, montrèrent quelquefois un esprit lourd, borné, fasciné, et d'une ignorance profonde à surprendre....

Croyants et sceptiques, tout le monde conviendra de cette vérité.

CHAPITRE XXXIII.

Le Labourd.

Les voyageurs et la haute aristocratie qui viennent aux Bains de Mer de Biarritz par la route d'Espagne, n'ont pas besoin d'itinéraire, d'Irun à Bayonne. Ce trajet est tout peuplé de souvenirs historiques. Il n'y a qu'un kilomètre d'Irun au pont de la Bidassoa, pont célèbre depuis le dix-septième siècle, et dont le milieu sert de limite séparative entre l'Espagne et la France.

Nous aimons mieux marquer cette frontière sur le pont que dans l'eau du fleuve, pour ne pas nous faire une querelle avec les poissons qui y vivent sans aucune distinction de nationalité.

A peu de distance d'Irun se trouvent l'île des Faisans ou de la Conférence, et Fontarabie. C'est dans l'église de Fontarabie que don Luis de Haro épousa, le 3 juin 1660, au nom de Louis XIV, l'évêque de Fréjus lui servant de témoin, l'infante Marie-Thérèse, fille du roi d'Espagne Philippe IV. Le mariage fut célébré par l'évêque de Pampelune.

Montreuil, dans une lettre charmante, écrivait à ce sujet à mademoiselle Deux-Étoiles: « Ce que vous avez ouï dire que celui qui
» épouse une reine comme procureur, au lieu
» du roi, doit mettre, et met effectivement
» une jambe dans le lit de la reine, n'est peut-
» être pas faux, et peut avoir été en usage
» autrefois; mais je vous assure que don Luis
» de Haro n'a rien fait d'approchant de cette
» cérémonie, et que ni dans Fontarabie, ni
» dans Saint-Jean-de-Luz on n'a point ouï
» parler de cela. »

Le 7 Juin, toute la cour de France alla chercher l'Infante à la Conférence. Marie-Thérèse, en se séparant de son père, en lui faisant ses adieux, se jeta trois fois aux pieds du monarque; elle pleura. Le roi d'Espagne avait les yeux secs. Dans l'église de Fontarabie, quand le mariage se fit par procureur, Philippe IV pleurait à chaudes larmes : l'infante ne pleurait point et gardait son sérieux. Cette remarque est de Montreuil écrivant à mademoiselle

Deux-Étoiles. Le lecteur fera là-dessus toutes les réflexions qu'il lui plaira. Un itinéraire ne doit point s'amuser à philosopher. Citons notre auteur :

» Monsieur le Cardinal (généreux comme
» on sait) donna aux Espagnols quantité de
» bagatelles magnifiques; le mot de *magnifi-*
» *que* corrige comme vous savez, celui de ba-
» gatelle. Entre autres il dit au Comte de ** :
» *Votre épée est d'argent, et bien ciselée; mais*
» *je veux vous en donner une plus belle.* Le
» comte s'approcha de la fenêtre sans rien ré-
» pondre, et jeta son épée dans la rivière.
» Un Garde espagnol courant pour la pêcher,
» un Garde français lui tendit le pied, et le
» fit tomber ; se jeta dans la rivière devant lui
» et l'eut. On trouva cela fort galant au Comte
» de ** et ma foi, bien qu'en quelques choses
» les Espagnols soient au-dessous de nous, il
» y en a d'autres dans lesquelles ils nous pas-
» sent. »

Le lecteur, s'il voyage bourgeoisement ou en homme du peuple, entrera en diligence à Saint-Jean-de-Luz; ou si, aristocratiquement, en voiture particulière. L'Itinéraire offre de parier que cette voiture ne sera pas aussi belle que le carrosse dans lequel Louis XIV fit son entrée à Saint-Jean-de-Luz, le 9 juin 1660; lequel carrosse était superbe et valait cinquante mille écus.

La célébration du mariage devait être faite par l'Évêque de Bayonne. Il y avait des balustres dressés avec des piliers de bois, et des planches jointes ensemble, au lieu de pavé, depuis le logis de la reine-mère, où l'Infante avait couché les deux nuits passées, jusqu'à la porte de la paroisse de Saint-de-Luz, où toute la cérémonie alla à pied. La reine avait et garda durant toute la marche, et toute la cérémonie, une couronne d'or sur sa tête. Madame de Noailles, sa dame d'atour, la lui soutenait par derrière, de peur que la pesanteur ne lui fît mal.

Notre historien en ceci est Montreuil, témoin oculaire. Mademoiselle Deux-Étoiles communiqua sa lettre à P. Richelet, auteur du dictionnaire français illustré par Boileau; et c'est Richelet qui nous a légué cette pièce historique (par l'intermédiaire de Michel Brunet), sans autre condition que celle d'imiter son exemple, et de nous instituer lexicographe des Basques, en publiant un vaste Dictionnaire quadrilingue en l'honneur de la langue que l'on parle à Saint-de-Luz (*).

Le 15 juin toute la cour quitta Saint-Jean-de-Luz pour retourner à Paris ; et avec la cour

---

(*) DICTIONNAIRE BASQUE, FRANÇAIS, CASTILLAN ET LATIN, par l'auteur de cet Itinéraire. Les premières livraisons sont en vente.

de France s'éclipsa le grand éclat qu'elle avait fait rejaillir pendant quelques jours sur cette petite ville labourdine. Saint-Jean-de-Luz n'en a pas moins conservé une certaine célébrité, due en grande partie au commerce considérable que le Labourd faisait autrefois avec l'Amérique. Aujourd'hui, les bains de mer que l'on a établis dans la ville lui rendent, pendant la plus belle saison de l'année, l'animation qui lui manque d'habitude : l'Océan est à sa porte, mais les rugissements formidables de la grande mer ne doivent pas alarmer les baigneurs qui vont là de préférence.

Nous reviendrons à parler de Saint-Jean-de-Luz ; nous dirons les menaces que l'Océan semble lui faire aux équinoxes, et les digues colossales qu'il emporte quelquefois du rivage. Un officier du génie voyant celle qu'il avait fait élever, renversée en une seule nuit, s'écriait : *Avant un siècle, on péchera des sardines dans la cathédrale de Saint-de-Luz.* Cet officier se trompait ; nous en avons la certitude, — autant, du moins, que l'une des grandes lois géogéniques du globe et l'examen des rivages du golfe peuvent la donner.

Si, de Saint-Jean-de-Luz, le voyageur parti de Bayonne voulait aller à l'île des Faisans et à Hendaye, il retrouvera dans ce village la trace des ravages faits, non par l'Océan, mais par des guerres dont nous ne voulons point parler ici. — Que sont devenus les habitants de ce lieu? disait un voyageur au vieillard de Hendaye, assis en guenilles sur l'herbe de quelques ruines. — Les uns sont morts, dit le Labourdin en se levant, quelques-uns ont émigré, la guerre a décimé le plus grand nombre, les autres sont ensevelis dans le grand champ (*alhor handia*) qui est derrière l'église. — Quel champ? demanda l'interlocuteur.

Le Basque regarda fixement l'homme frivole qui ne l'avait point compris, et partit soudain, en faisant du bras un geste solennel: ce ce geste montrait l'Océan.

A distance à peu près égale de Saint-de-Luz et d'Irun se trouve le joli bourg d'Urrugne, entouré des coteaux les plus riants, et de campagnes fertiles qu'il faut voir dans toute leur richesse à l'époque de la moisson. C'est à Urrugne qu'habite ordinairement M. A. Th. d'Abbadie, connu par ses voyages en Abyssinie (*). C'est là que M. l'abbé Goyhetche, le Delille labourdin, a composé la traduction basque des Fables de La Fontaine : poète élégant dans cet ouvrage, homme d'infiniment d'esprit dans le commerce de la vie.

En prenant la voiture qui conduit de Saint-

(*) M. A. Th. d'Abbadie est l'auteur des cinquante pages de *Prolégomènes* qui précèdent les *Etudes grammaticales sur la langue euskarienne* (dialecte souletin) par l'auteur de cet Itinéraire (1836).

de-Luz à Sare, par Ascain, le voyageur ira visiter la montagne de la Rhune. Nous aurons le plaisir de lui servir de cicerone pour cette petite ascension, dans la seconde partie de l'Itinéraire. C'est à Sare que le dialecte basque-labourdin est parlé dans toute sa pureté; c'est-à-dire dégagé des néologismes et des gallicismes que l'on reproche à messieurs les Saint-Jean-de-Luziens d'y mêler, depuis le passage de la cour de Louis XIV.

Il est néanmoins vrai de dire que l'idiome euskarien, par le génie tout particulier et les règles immuables de sa grammaire synthétique, est de force à s'approprier, sans aucun inconvénient grammatical, les mots de toutes les langues connues de la terre. Sous ce rapport (et nous défions en ceci le linguiste le plus profond et le plus éclairé qu'il y ait en Europe, de pouvoir penser et dire le contraire), l'idiome euskarien est le seul idiome européen, asiatique ou africain, qui soit dans les conditions grammaticales voulues, pour se transformer en langue polyglotte, universelle, grammaticalement parlant; car la chimère de la langue polyglotte n'existe que dans l'idéal et dans les rêveries philosophiques de messieurs les linguistes.

Il est vrai de dire aussi que, dans cette transformation qui dénaturerait et corromprait toutes les langues de la terre, l'idiome euskarien, ne conservant plus que son verbe et son cadre grammatical, se corromprait lui-même; il anéantirait pour lui-même et pour tous les vocabulaires dont il voudrait composer son trésor, la clef des étymologies, le sens des mots et la filiation des idées; c'est-à-dire tout le génie du langage humain, toute la lumière de l'esprit.

Ce système serait la clef de voûte de la Tour de Babel; monument superbe élevé à la hauteur d'un myriamètre, jusqu'au ciel, c'est-à-dire jusqu'à la région où s'arrêtent les ballons de Paris, et où les plus savants voyageurs manquent d'air respirable. Dans les voyages du corps comme dans ceux de l'esprit, il est une limite où la navigation aérienne aboutit au néant, à la mort. Il est permis de placer cette réflexion dans un Itinéraire.

Rentrons à Sare. C'est dans ce joli village que le prêtre Achular, né à Zugarramurdi (Espagne), si nous avons bonne mémoire, composa son *Gueroco-guero* : titre euskarien intraduisible en français, par suite d'une pauvreté de formes grammaticales qui se remarque dans la langue de Racine, aussi bien que dans toutes les langues analytiques de l'Europe.

Il s'agit de la pénitence chrétienne que tout pécheur devrait faire; et que presque personne ne fait, en renvoyant l'expiation à l'avenir, au lendemain, à ce demain du Gascon où l'on ne se trouvera jamais, parce qu'il se transforme invariablement en aujourd'hui, au premier coup sonnant de l'heure de minuit. *Gueroco-guero!* Après pour après, toujours pour après; jamais aujourd'hui! Nous dirons plus loin quelques mots de ce livre et de son auteur : nous n'en sommes pas encore à examiner la littérature basque.

En allant à Sare ou au retour, le voyageur est prié de marquer d'une pierre blanche sur ses tablettes le village d'Ascain. Là naquit, dans le dernier siècle, le père Clément, capucin, dont M. de Jouy a mis l'histoire dans *L'Hermite en Province*, et qui méritait cette célébrité. Ascain a donné aussi naissance à un barde inspiré, un prêtre, aujourd'hui curé de Bardos, M. J. M. Hiribarren. Ce brillant poète a le mérite d'avoir assujéti à des règles fixes le rythme poétique employé par les anciens bardes euskariens.

Cette question reviendra dans l'Itinéraire, au chapitre de la poésie basque, que nous avons l'espérance de rendre attrayant. Le lecteur y trouvera beaucoup de citations et d'exemples, fruit du génie inculte d'un petit peuple de montagnards, de paysans, bardes illettrés. Et après avoir lu ces passages, le lecteur aura la bonté de se demander chez quel autre peuple de l'Europe on trouve des chansons préférables à celles-là. Nous parlons de chansons populaires, composées par des hommes qui n'ont jamais su lire ni écrire. Et si le lecteur ne découvrait pas ce peuple en Europe, voyageur qu'il est, nous le prierons de parcourir en esprit les cinq parties du monde. Quand il l'aura trouvé, de nous le faire connaître, pour que nous lui tressions une couronne des plus belles fleurs qu'il y ait dans les Pyrénées.

Toute réflexion faite, le lecteur sera peut-être d'avis que le plus sage pour lui est de prendre pour point de comparaison les plus jolies romances du Parnasse européen, les meilleurs couplets des vaudevilles français. Non pas assurément que cette comparaison ne doive être écrasante pour les modestes improvisateurs des montagnes euskariennes, quand on appelle à son secours les chefs-d'œuvre des maîtres de l'art, à propos de chansons; mais le lecteur conviendra peut-être que ces Basques incivilisés, ces bardes illettrés, incultes, sauvages, nous ne dirons pas écrivaient (ils ne savent pas écrire), mais qu'ils improvisaient, toujours, avec goût, avec dignité, noblesse, souvent avec esprit, pour exprimer des sentiments vrais, justes, naturels, délicats; à peu près comme on a écrit et pensé dans les sociétés les plus aristocratiques de l'Europe, aux époques les plus brillantes de leur civilisation littéraire.

Quand nous en serons là, le lecteur s'amusera à voir comment les paysans basques, par forme d'improvisation poétique, parlaient à ces Euskariennes que M. L. J. Larcher, interprète en cela des grands écrivains des deux sexes, prétend être les plus belles femmes de l'Europe : question d'appréciation qui n'est nullement de notre ressort : le lecteur sera enchanté d'apprendre comment ces belles dames répondaient à leurs adorateurs par la bouche des bardes. Les chansons basques étant presque toujours en dialogue, comme une scène d'opéra-comique, ce petit drame est toujours littérairement conçu et exprimé par l'improvisateur, selon toutes les règles d'un art qu'il pratiquait sans jamais avoir entendu parler de Boileau ou d'Horace.

A quatorze ans, Clément (Chaubadon) d'Ascain, orphelin de père et de mère, savait à peine lire et écrire ; il était sans moyens d'existence ; le dévouement d'une sœur aînée lui en procura. Avec une des plus belles tailles et des plus belles figures qu'un homme ait jamais reçues de la nature, dit M. de Jouy, Clément résolut, à dix-neuf ans, de s'enterrer chez les capucins de Bayonne, où sa sœur le fit recevoir novice.

« Il en sortit tout-à-coup pour faire entendre
» du haut de la chaire évangélique, à Tou-
» louse, à Bordeaux, à Paris, une des voix
» les plus éloquentes dont nos temples aient
» retenti. Ce n'était pas un Bridaine, un de
» ces missionnaires des déserts qui apparais-
» sent dans les capitales pour en effrayer,
» pour en maudire l'élégance et les voluptés
» mondaines ; c'était, sous la bure fauve d'un
» capucin, la sainte urbanité (si j'ose associer
» ensemble ces deux mots), l'éloquence pleine
» de grâce et d'onction d'un prince de l'Eglise,
» pour qui la morale la plus pure et la philo-
» sophie la plus sublime étaient le véritable
» esprit du christianisme. »

» Le père Clément ne déclamait pas vague-
» ment contre le luxe, dont il faisait la part à
» chaque condition ; mais il se renfermait
» rigoureusement dans toute l'humilité de la
» sienne. Un président de Bordeaux le pres-
» sait un jour de se servir de sa voiture pour
» une course qu'il avait à faire hors de la ville :
» *J'ai trois raisons pour vous refuser*, lui dit-il :
» *je suis jeune, je suis Basque, je suis capu-*
» *cin.* »

Réplique vive et de grand goût : le père
Clément n'était pas seulement un capucin
basque très-éloquent ; il avait beaucoup d'esprit.

Il aimait la religion dont il était l'apôtre :

c'est dire qu'il avait en horreur toute manœuvre indigne d'elle ; de celles-là qui n'ont d'autre but que de faire glorifier en son nom par un peuple séduit, les fripons qui sont les auteurs, les acteurs et les bénéficiaires de la comédie. Cette fois les fripons étaient deux friponnes : une jeune vierge de seize ans, teint de lis et de rose, embonpoint fleuri, belle comme un astre, qui vivait sans prendre aucune nourriture ; et madame sa tante, la plus audacieuse et la plus rusée coquine de la terre, qui avait trouvé le moyen de faire vivre miraculeusement l'adorable sainte.

La tante et la nièce étaient à Bardos ; la jeune fille était présentée à la vénération des fidèles comme un prodige de la grâce par la vieille femme, premier témoin ; bientôt vingt mille témoins attestèrent la réalité du miracle de la jeune fille vivant d'air et de rosée pour tout aliment. Grand émoi dans tout le pays basque. On mande la sainte à Bayonne. A son entrée dans la ville, on sema des fleurs dans les rues où elle devait passer ; sur les ponts, sur les places, à la porte des églises, on se prosternait devant elle.

L'idée vint alors à quelqu'un d'interroger sur cette affaire le père Clément, le beau capucin. Celui-ci découvrit la fourbe et la ruse. *La sainte de Bardos, qui mangeait la chair et laissait les os* (proverbe aujourd'hui connu à cinquante lieues à la ronde), fut glorifiée, ainsi que madame sa tante, à grands coups d'étrivières quelque part, par la main du bourreau, et toutes les deux ignominieusement chassées de la ville de Bayonne. Comment avaient-elles simulé le miracle? L'histoire en est assez jolie; les bornes tracées à ce volume nous forcent à la renvoyer à la seconde partie de l'Itinéraire.

Le voyageur est pressé d'arriver. Partis de Saint-Jean-de-Luz, nous traversons rapidement Guétary, sauf à revenir sur cette côte, où il y a aussi des Bains de mer. Il ne faut pas dérailler ici, pour aller chercher, à de petites distances, les villages du Labourd qui méritent les honneurs d'une mention particulière, et la ville d'Ustaritz, autrefois capitale de cette jolie province. L'histoire de la Soule, que nous avons déjà faite, est à peu de chose près celle des Basques-Labourdins; avec cette seule différence géographique, que, si la Soule comptait soixante-sept villages, le Labourd n'en avait qu'une trentaine. Le Labourd est donc comme une charmante banlieue autour de Biarritz, d'où le voyageur pourra rayonner en tout sens, comme il le ferait autour de Paris, mais d'une façon agréable et plus pittoresque infiniment. Traversons Bidart, petit village : à la distance de quelques kilomètres, arrivé au poteau indicateur que nous avons déjà marqué, et prenant cette fois à gauche, le voyageur fait son entrée triomphale à Biarritz.

CHAPITRE XXXIV.

Les Bains de mer.

— Nous voilà arrivés (c'est l'Itinéraire qui parle).

— Il en était temps. (c'est le voyageur, l'une des dix mille personnes qui viennent prendre des bains de mer à Biarritz, et de celles qui parleront à leur tour dans ce chapitre. Les interlocuteurs n'ayant pas jugé à propos de nous faire connaître leurs noms, titres et qualités, par suite de l'aversion qu'inspire aux hommes de plaisir et à tout voyageur la publicité littéraire, — on laissera au lecteur intelligent le soin de deviner leur âge, leur sexe, leur caractère, leur genre d'esprit et le degré de santé physique ou morale qui doit leur rendre salutaires, sous la direction de leur médecin particulier, ou celle de M. Affre, Inspecteur des Bains de Biarritz, et de M. Adema, Inspecteur adjoint :

1° Les bains d'eau douce ;

2° Les bains de mer chauds ;

3° Les bains de mer frais et naturels.

Pour éviter toute confusion dans les termes à employer, — nous appellerons Baigneur, celui qui prend des bains de mer, et guide-baigneur, la personne qui lui aide à prendre ces bains.

— L'Itinéraire ayant le mot Biarritz pour intitulé, nous n'irons pas, ô voyageur ! faire de ce nom euskarien une tête de chapitre.

— Bon ! nous allons tomber sur quelque étymologie.

— Les Basques, créateurs de tous les noms géographiques du golfe, ne prononcent pas *Biarritz* en leur langue, mais *Miarritze*, comme si l'on disait langue de rocher. Et comme le *tze* euskarien signifie une grande quantité ou abondance de la chose, le lecteur cherchera des yeux toutes les roches pittoresques qui se montrent encore, les unes saillantes, les autres sous-marines. Il est hors de doute que le grand souffle de l'Océan, pendant l'orage, fait articuler à ces langues et à ces lèvres de granit, à cette formidable denture des falaises, des mots puissants et terribles qui ne font pas partie du vocabulaire de l'Académie française.

Arritzea, en euskarien, signifie l'acte ou le fait de pétrifier, et au figuré, de surprendre, d'émerveiller, de terrifier. *Miarritze* est un mot que le Basque primitif a pu imaginer au haut du cap Saint-Martin, ou sur l'Atalaye, ayant à ses pieds l'Océan qui gronde ; et mieux encore dans une barque lancée vers le Port des Pêcheurs, quand la vague immense porte le marin aux nues, entr'ouvrant à côté de lui un abîme, et que l'infortuné n'a plus de parole, parce que sa langue est glacée de terreur.

— Étymologie pittoresque.

— La scène que l'on vous décrit en peu de mots, vous la verrez quelquefois de l'Atalaye, promenade aujourd'hui magnifique. La tempête rugit à toutes les profondeurs de l'horizon : c'est le golfe cantabrique dans toute sa fureur, l'Océan ! Au pied de la grande croix de l'Atalaye, des femmes sont agenouillées, versant des larmes, poussant des gémissements, des cris plaintifs, se meurtrissant le visage, s'arrachant les cheveux, puis adressant au ciel des prières ardentes ; la foule qui les entoure gémit et prie avec elles : ce sont les femmes, les sœurs, les parentes des pêcheurs qui sont en mer.

Trois vieillards arrivent, marins expérimentés; ils ont vu tous les rivages de l'Océan. La foule leur livre passage avec respect, avec solennité cette fois; ils marchent, ils courent, silencieux, et vont se placer sur le point le plus avancé de l'Atalaye surmonté de la croix la plus petite.

Vous les voyez; leur oreille consulte toutes les rumeurs, tous les éclats de l'ouragan; les barques sont à une certaine portée du rivage; l'œil des vieux marins sonde la surface du golfe à la distance de plusieurs lieues, car les mouvements océaniques ont des fureurs lointaines dont le contre-coup est aussi rapide que violent; ils prennent conseil, ils délibèrent.

Tout-à-coup, vous les voyez se ranger en ligne et faire face à la mer; l'un d'eux porte la main à son chapeau qu'il soulève.

Vous diriez qu'il salue la tempête, ou qu'il la défie; car ce mouvement est un signal pour les barques. Et de ce signal dépendra la joie ou le désespoir de vingt familles, le sort des barques, qui auront à franchir une ligne de salut, large à peine quelquefois de dix mètres, pour entrer dans le port des Pêcheurs.

Et la foule, anxieuse, écoute et regarde en tremblant; ils ne parlent point, il n'y a ni pleurs ni sanglot dans ce moment décisif, ils respirent à peine, vous ne les entendez pas plus que s'ils venaient d'être pétrifiés, magnifique assemblage de statues vivantes ! tandis que les bruits de l'Océan remplissent les landes, le ciel, les Pyrénées.

— Je comprends l'étymologie.

— *Miarritze.*

— Il me semble, Itinéraire, que nous faisons de la poésie par la linguistique.

— Les premiers poètes du monde furent les improvisateurs du langage; Dieu et la nature les inspiraient. Toute la sublimité des idées humaines leur appartient, et ils n'ont eu jamais de rival qui puisse leur succéder ou qui sache les comprendre. Si vous faites venir Biarritz, de *bi*, deux, et de *arritze*, ceinture de rochers, on vous laissera le soin de découvrir à quels rochers ou à quelles masses de rochers l'Euskarien emprunta l'idée de nom déjà célèbre.

— Célèbre par les Bains de mer.

— Et par l'état florissant de la marine basque autrefois; par les haleines énormes qui ont fréquenté de tout temps le golfe, et qui se montrent encore quelquefois de nos jours à Biarritz. Les Basques, marins audacieux, pêcheurs intrépides, ont osé, les premiers, harponner le grand cétacé : monstre terrible quand on l'attaque et le blesse; inoffensif, quand on le laisse s'échouer paisiblement pour faire son baleineau. La capture annuelle des baleines sur la côte, était une branche de commerce très-importante ; les droits seigneuriaux que le roi d'Angleterre prélevait sur la pêche devaient s'élever à des sommes bien considérables, puisque Edouard III, alors en Guienne, les affecta, en 1338, à l'équipement et aux dépenses d'une belle flotte dont Pierre ou Pés de Puïane était amiral.

— Ce Puïane, plus tard maire de Bayonne, qui fut tué par les Basques-Labourdins?

— Lui-même. Alors, et pendant les siècles qui précédèrent le quatorzième, la baleine était très-commune dans le golfe : Dieu sait combien on en harponnait. L'on vous fera, dans la seconde partie de l'Itinéraire, l'histoire d'une baleine célèbre, qu'un seul pêcheur de la contrée, alors en Espagne, était de force à harponner, et que l'on fit venir exprès pour le mettre aux prises avec elle : ce haut fait est inscrit dans les fastes de la marine de Biarritz.

— Un baigneur préfère ces drames historiques au combat fabuleux du héros de l'Arioste avec l'Orque qui allait dévorer la belle Angélique, dans le simple appareil où ce poète la met. Heureusement que les baigneurs de Biarritz ont un costume !

— Pittoresque.

— Et si quelque baleine allait m'engloutir!

— Il ne faut rien craindre de semblable à Biarritz. La baleine redoute la *Côte des Basques* comme le feu ; elle est sûre d'y rencontrer ses plus redoutables ennemis ; le *Port-Vieux* est pour elle comme un bain aristocratique où cette reine sauvage des mers n'aime point à se montrer ; elle n'a garde d'aller faire ses couches à portée de la *Côte du Moulin*, anciennement *Plage des fous* (*), dont le nom seul l'épouvante ; elle chérit trop son baleineau pour le mettre là.

— Vous me rassurez.

— Les baleines ont raconté dans toute l'étendue de l'Océan, le spectacle navrant qu'elles avaient vu sur les plages du Labourd : la mémoire en est encore fraîche chez tout le peuple cétacé. On trouve fréquemment chez les habitants des côtes, des vertèbres de baleine qui leur servent de siége.

— Escabeau très-pittoresque.

— Les pêcheurs de Biarritz, et en général tous les Basques, se servaient d'os de baleine pour en faire des clôtures de jardin. Vous

---

(*) Rapport sur le service médical des établissements thermaux, lu à l'Académie Impériale de Médecine le 12 novembre 1853, par le docteur Patissier, membre de l'Académie.

pourrez vous donner le plaisir d'aller voir un rare échantillon de ces os monstrueux chez M. Casimir Silhouette, capitaine au long cours, jeune et intrépide marin, fort instruit dans son art, et à qui l'Itinéraire est redevable de plusieurs indications locales très-précieuses pour les baigneurs. Vous puiserez dans cet examen, matière à une réflexion philosophique. Évidemment, à une époque un peu reculée, les baleines post-diluviennes étaient beaucoup plus grandes que leurs arrière-petites-filles d'aujourd'hui, qui n'ont guère plus de 50 mètres de longueur; elles ont fait comme les hommes, qui se sont visiblement rapetissés.

— Qu'il me tarde d'aller m'asseoir sur une vertèbre de baleine! Je la recouvrirai d'un beau drap et j'y mettrai un coussin de velours à franges d'or.

— Hélas! (Ceci est un soupir interjectif que l'on adresse aux vieux souvenirs historiques). Biarritz, aujourd'hui ville française, on pourrait dire ville européenne, pendant la saison des Bains, n'est plus ce qu'il était autrefois. Les vieillards ne reconnaissent plus leur pays natal, tant la transformation a été complète. Il leur est permis de parler du temps passé, car la position de Biarritz et l'air salin qu'on y respire sont tellement favorables à la santé, qu'il serait difficile de trouver ailleurs une longévité plus belle, et des nonagénaires jouissant au même degré de leurs facultés intellectuelles et physiques.

— Nonagénaire, centenaire ! Voilà les deux plus beaux adjectifs de la langue française. Il est consolant d'aller prendre des bains de mer dans un pays où l'on voit trotter dans les rues, gaillardement, un siècle en chair et en os ; de telle sorte que toute la chronologie, depuis Notre-Seigneur Jésus, se réduirait à dix-huit grands-pères de Biarritz, que l'Océan n'avait point tués et que la mort respecta. C'est donc un climat patriarcal que celui de Biarritz ?

— On vous prie de le croire, Baigneur. Biarritz, pour la longévité, est le point le plus favorisé du département des Basses-Pyrénées, où, proportion gardée, l'on trouve plus de centenaires que dans tout le reste de l'Europe. Sous ce rapport, le local de Biarritz est excellent pour le baigneur ; toutes les maisons y ont ce luxe de propreté que l'on remarque partout dans le pays basque, en France et en Espagne, et que les seuls Hollandais, dans tout le reste de l'Europe, peuvent se vanter de surpasser.

Assurément, les maisons de Biarritz ne sont pas des chefs-d'œuvre d'architecture, pas même la *Villa-Eugénie*, résidence impériale, mais elles n'ont rien que de très-agréable ; les appartements en sont bien secs, bien aérés, de cet air salin qui prolonge la vie, et qui bannit du littoral les affections de poitrine. Apportez à Biarritz les poumons qu'il vous plaira de choisir, les moins favorisés de la nature; et bientôt, par une faveur spéciale du lieu que vous habiterez, vous aurez une poitrine d'airain, d'acier, de diamant; la pulmonie ne saurait y mordre.

— Exagération poétique.

— Observation médicale, inscrite dans les livres des maîtres de la science et du grand art de prolonger sa vie.

— Vous les avez donc lus, ces maîtres, Itinéraire?

— Littérairement. Et croyez ceci, Baigneur, si vous voulez bien avoir quelque égard aux idées de l'auteur qui a pris la plume pour vous être utile ou agréable : la science médicale est, non pas la seule, mais la première de celles qui progressent à pas de géant en Europe au dix-neuvième siècle. Pour le dévouement, la sagacité et la profondeur de l'étude, pour le talent d'écrire savamment, avec clarté, — les célébrités qu'elle fournit sont au premier rang, sans contredit. L'Itinéraire a profité de l'amitié de quelques-uns de ces messieurs : l'on n'en citera ici qu'un seul, et cela, parce qu'il est Bas-Navarrais et fait honneur aux Basques: S. Ségalas.

— M. Ségalas n'a point écrit sur les Bains de mer.

— Ni feu le docteur Chervin de l'Académie non plus, l'anti-contagioniste, dont l'Itinéraire fut l'ami et le voisin de chambre pendant dix ans, à Paris. Noble vieillard, qui travaillait, hiver et été, quatorze heures par jour: il prêchait la supression des lazarets, et il prouvait leur inutilité. Les médecins soignent les pestiférés avec une admirable abnégation de la vie, qui égale et surpasse quelquefois celle du prêtre : Chervin avait longtemps voyagé, pour les aller voir dans toutes les parties du monde. Il buvait dans leur verre, il mettait leur chemise, il couchait avec eux dans leur lit, pour prouver que la peste n'est pas contagieuse : le dévouement et l'héroïsme de la science va jusque-là.

— Que disait-il des bains de mer?

— Que les Bains de Biarritz sont peut-être les meilleurs de toute la France. D'abord, le local de Biarritz est excellent sous tous les rapports : l'on n'y voit pas comme dans quelques autres Bains du nord, les misérables et étroites ruelles défoncées et boueuses, dont parle le docteur Le Cœur ; véritables fondrières, où, pour peu qu'il pleuve, l'on n'ose pas se hasarder après le coucher du soleil. L'Itinéraire doit faire d'avance ses compliments à la municipalité de Biarritz, sur les projets sérieux d'amélioration et de perfectionnement qu'elle a formés, dit-on; par exemple, l'éclairage au gaz et l'établissement des fontaines publiques.

— L'eau de source et de rivière n'est pas ce qui manque aux Pyrénées et dans le voisinage de l'Océan. En cas d'horrible sécheresse de toute la terre (le voyageur qui parle sourit en disant cette facétie), on aurait toujours la ressource de l'eau de la mer. Beau réservoir pour les gens qui ont soif!

— Ou pour ceux qui boivent de cette eau de mer un peu plus qu'ils ne voudraient, sans avoir soif, en se baignant.

— La mer à boire!

— Il ne faut pas s'imaginer que l'on puisse en faire sa boisson habituelle impunément, ni se priver sans danger de l'eau de source ou de rivière. Les marins privés d'eau douce, qui ont recours à l'eau de mer, ne supportent pas longtemps cette boisson. Les enfants de matelots que Pierre-le-Grand voulut soumettre à ce breuvage moururent tous: expérience russe. Les médecins vous diront que l'eau de mer est fondante, diurétique, vermifuge; elle a une action éminemment purgative.

— Boisson purgative, eau saline peu agréable à prendre.

— L'eau de mer destinée à l'usage interne doit être puisée à une certaine profondeur et loin du rivage; il faut la laisser reposer, la décanter, puis la filtrer.

— A la bonne heure. Cela n'empêche pas l'eau de mer d'être toujours assez mal clarifiée. Il y a tant de choses et tant de bêtes dans l'Océan !

— Les monstres qui l'habitent servent à le purifier. Les excrétions terrestres et les débris d'animaux et de végétaux que les fleuves y charrient sans cesse, à la longue, exposeraient le grand lac océanique à une immense putréfraction, sans la prodigieuse quantité de poissons voraces qui absorbent tout cela et qui s'entre-dévorent en même temps, pour empêcher la trop grande multiplication des espèces. Voilà pourquoi il y a des poissons dans la mer; la terre est continuellement arrosée par les nuages que le vent promène; elle est fécondée, vivifiée par le soleil; enfin les poissons de l'Océan empêchent la corruption infecte qui résulterait de cette lessive journalière des continents terrestres.

— Admirable harmonie! Je n'avais jamais

compris à ce point de vue l'utilité des requins. L'Océan est indispensable, tel exactement qu'il est, à la santé du globe. Je ferai comme la terre, qui prend nuit et jour un bain de mer.

— Remarquez que, dans les deux cas, la baignoire est plus grande que le baigneur. Il y a du plaisir à être à son aise dans son bain, et à s'étendre. Pour vous, allongez les bras et les pieds, tant que vous pourrez ; si vous êtes bon nageur, vous toucherez, du Port-Vieux au *Boucalot* ou Grande-Roche : 940 mètres de distance des pieds à la tête ou de la tête aux pieds, selon que vous irez la tête en l'air ou couché sur le dos, en regardant le ciel et en faisant la planche.

— Oh ! la planche... j'aurais trop peur de m'enfoncer dans l'eau et de me noyer.

— Il n'y a que des poltrons qui puissent se noyer, par un temps calme et par une mer médiocrement houleuse. Admettons que vous n'avez point appris à nager, et que vous n'avez pas la moindre gourde pour vous aider à flotter. Mais vous n'avez point peur ; vous savez respirer à propos, et retenir votre haleine (situation dans laquelle l'homme est plus léger que l'eau qui le porte, et flotte tout naturellement comme une statue de bois). Couchez-vous sans hésiter dans la mer, à fleur d'eau, en vous allongeant comme la Fée aux Miettes; le mouvement des mains et des pieds aidera à vous soutenir; et vous réaliserez quand il vous plaira, le miracle d'un baigneur qui fait la planche sans avoir appris à nager, et qui, de loin, semble dormir sur l'Océan, bercé par lui, au chant des houles.

— Il faut un grand sang-froid et un grand courage pour cela.

— Le sang-froid naturel des bêtes, qui ne soupçonnent pas le danger, mais qui se tirent d'affaire et nagent toutes, sans avoir pris des leçons de natation.

— Et si la mer devenait grosse, si j'avais du malheur ou qu'il me vînt une défaillance, et si je tombais dans l'eau du haut d'un rocher?

— Le sauvetage est là, bien organisé, le secours ne se fera pas attendre. Recommandez d'avance au nageur, que, par impatience de zèle, il n'aille pas se jeter à l'eau tout habillé, mais qu'il se déshabille : ce temps, qui n'est pas perdu, est bien vite regagné avec avantage et la certitude de réussir. Qu'il ne s'inquiète pas de la gorgée d'eau salée que vous avalerez de travers pendant ce temps-là; on en boit fort peu. Qu'il vous prenne au bras, par derrière ; vous ne l'embarrasserez pas ainsi par une embrassade incommode, et il vous ramènera triomphalement sur la plage.

Et même, s'il y avait retard dans le secours, un intervalle d'asphyxie, comme celui d'un évanouissement momentané, n'est rien. Combien de gens ont été noyés trois ou quatre fois en leur vie, qui en sont revenus, ayant beaucoup moins souffert que d'une indigestion de fraises vertes sans sucre, ou arrosées de mauvais vin !

— Méchant quart-d'heure.

— Celui de l'indigestion. Quant à s'abreuver d'eau de mer, autrement qu'à l'état de purgatif et par fantaisie, c'est un abus. Au dix-huitième siècle, beaucoup de médecins, en Italie et en Angleterre, regardaient l'eau de mer comme un remède universel. L'on n'avait encore que le pressentiment du bon usage que la Faculté moderne en ferait. Les Anciens ne l'employaient guère qu'en lavement ou clystère. Pline, cependant, recommande un breuvage fait avec du raisin sec, qu'on a laissé fermenter dans l'eau de mer. Dioscorides vante une autre boisson, composée d'un mélange de parties égales d'eau de mer, de pluie et de miel, hermétiquement renfermé dans des vases enduits de poix ou dans des bouteilles cachetées. A Biarritz, on ne boit l'eau de mer qu'au naturel.

— Il n'est donc pas prescrit d'en boire à sa soif.

— Cela n'est permis qu'aux *Han d'Islande* et à la littérature du romantisme, poétiquement. Mais l'eau de mer est sédative ; l'homme qui se met dans un bain est promptement désaltéré sans boire. Les marins privés d'eau douce et mourant de soif, se plongent dans la mer pour calmer cette ardeur. M. Le Cœur vous dira que ce phénomène se rapporte à la faculté d'absorption, aussi bien qu'aux facultés d'irradiation sympathique des sensations.

L'incarnation de l'homme s'imbibe et s'emboit comme une éponge vivante. Appliquez-lui un emplâtre d'assa-fœtida ou d'absinthe à la plante des pieds; au bout de quelques heures, une forte sensation d'amertume frappera sa langue et son palais. De cette faculté d'absorption résulte pour l'homme l'efficacité des bains de mer; faculté puissante, puisque, d'après les expériences de Falconnet, un adulte peut absorber, dans un bain, environ quinze cents grammes d'eau par heure.

— Je ne me doutais pas de cela.

— L'absorption est tellement active, que l'immersion du corps, ou même celle d'une partie du corps, dans un liquide contenant des substances vénéneuses en dissolution ou suspension, peut produire sur l'homme tous les effets de l'empoisonnement.

— Ah, mon Dieu! Vous me faites peur. Et si l'Océan allait être empoisonné?

— La terre seule pourrait y déverser cette corruption mortelle, au bout d'un certain nombre de siècles; mais nous avons déjà vu que la nature et les requins avaient pourvu à cela. Excitation plus ou moins énergique, tonicité plus ou moins grande de tout le système chez l'individu; voilà les résultats certains que l'on doit attendre de l'usage des bains de mer.

Cette eau saline active si bien les fonctions de la peau, qu'un contact trop prolongé détermine sur l'organe une irritation aiguë, l'érysipèle, des ulcérations. Au bout de cinq ou six jours d'immersion non interrompue, l'eau de mer occasionne une atroce douleur. Ils le savaient bien dire, les malheureux matelots de la frégate *La Méduse*; et on le redirait ici, s'il convenait d'orner un passage sérieux, à l'aide de grandes phrases...

— Romantiques et pittoresques. Le bain de mer convient-il à tout le monde?

— A tout le monde, si ce n'est aux enfants avant l'âge de trois ans, et aux vieillards.

— Combien de temps pourra durer mon bain?

— Aussi longtemps qu'il ne vous sera pas désagréable. Quant à la liste des affections que l'on guérit par ce remède, par cet exercice gymnastique ou ce plaisir, ceci n'est point du ressort de l'Itinéraire.

Renvoyé à l'excellent ouvrage de M. Le Cœur de Caen, déjà cité; ouvrage parfaitement conçu, littérairement écrit, mais auquel nous ne saurions nous permettre de faire des emprunts sur ce terrain médical.

Renvoyé à M. le docteur Affre, Inspecteur des Bains de mer de Biarritz, cité dans le Rapport lu à l'Académie Impériale de Médecine, le septième sur neuf médecins de France, et compris pour une médaille en bronze dans la distribution des récompenses décernées.

Enfin, le baigneur trouvera un guide éclairé dans M. l'Inspecteur adjoint Adema.

— L'Itinéraire n'a plus rien à nous dire?

— Il a beaucoup à dire. En 1767, l'Académie royale des Belles-Lettres, Sciences et Arts de Bordeaux, décerna un prix et une couronne au respectable M. Maret, pour son mémoire sur la manière d'agir des bains d'eau douce et d'eau de mer. Depuis cette époque on a beaucoup écrit sur l'usage des bains. Les Romains, vainqueurs du monde, se mettaient dans l'eau deux fois par jour : leurs bains étaient aromatiques et parfumés. Les Orientaux et les Mahométans connaissent tout le prix des ablutions prescrites par la loi. Les Européens modernes ont encore une horreur instinctive pour l'eau, tant on leur a prêché l'oubli de l'hygiène et le mépris de leur corps.

Jamais l'eau n'a souillé ma peau sacrée! disait avec orgueil un vieux Portugais du dernier siècle : il mettait sa gloire à ne se baigner jamais, en vertu de cet axiome très-connu, que les belles peaux, comme les beaux tableaux de peinture, résistent aux ravages du temps et se conservent très-bien sous crasse. Les Grecs ne furent point de cet avis : c'est pour cela que leur mythologie, d'accord en cela avec celle des Orientaux, fait naître dans la mer et sortir des profondeurs de l'Océan la déesse de la beauté.

— Mais la déesse ne tarda point à se réfugier dans un bosquet fleuri. J'avoue que le littoral de Biarritz me semblerait plus agréable, si je le voyais couvert de prairies, de riants vergers et d'arbres touffus, couronnés d'une végétation luxuriante.

— Au lieu de cela vous n'y voyez qu'un terrain sablonneux, aride même, incessamment battu par les vents. C'est pour cela que l'on n'y trouve aucune émanation nuisible, aucune cause d'insalubrité, parce que rien ne s'oppose au renouvellement incessant de l'air très oxigéné. Cet air de la mer, vif, salin, excitant, brûlant même, nuisible aux végétaux, n'en est que plus favorable aux personnes dans toutes les affections de langueur. Les arbustes qui peuvent résister au voisinage de l'Océan, se rabougrissent et restent courbés dans la direction du vent qui domine sur la plage. Le baigneur est exposé à une insolation perpétuelle ; et cette insolation est l'auxiliaire énergique des effets salutaires qui produisent les bains de mer. Les forêts de pins et les Landes forment au nord l'horizon hygiénique de Biarritz, et de ce bois résineux sortent des émanations que Raspail croit éminemment favorables à la santé de l'homme.

Toujours est-il que Biarritz fut toujours préservé des épidémies contagieuses, à l'époque où elles exerçaient leurs ravages à peu de distance. Le choléra-morbus ne s'y montra jamais, non plus qu'à Bayonne. Cette dernière ville, encombrée autrefois de troupes qui y venaient d'Espagne dévorées par le typhus, ne fut point elle-même infectée de la maladie, tant la salubrité y est admirable. Nous empruntons cette remarque aux savantes et judicieuses notes récemment publiées par M. le docteur Ducasse.

— Vous allez bientôt me persuader qu'il n'y a pas dans toute la France des bains de mer comparables à ceux de Biarritz.

— Dame! cela pourrait bien être. Et si cela était, pourquoi ne le dirait-on pas? Les marins, bons juges sur ce point, ne s'en cachent guère ; il est vrai que leur observation, toute spéciale, s'applique particulièrement à la nature du fond de mer et à la qualité locale de l'eau.

Comparerez-vous à Biarritz, Cette avec les marécages qui entourent son port vaseux ; son eau sale, lorsque, le vent venant du sud, les courants y portent celles du Rhône; bourbeuse, lorsque le vent venant du large, cette eau s'y trouve agitée jusqu'au fond qu'elle remue en tout sens.

Irons-nous aux ports de la Manche? Le ciel nous préserve de calomnier aucune des parties de l'Océan ; et si cela nous arrivait sans le vouloir, on se rétractera avec empressement; mais on leur reproche (*on* ce sont les marins) des courants très-forts qui y charrient des montagnes de polypes, des bas-fonds très-vaseux et une mer continuellement trouble.

Parlerons-nous de Royan? L'eau y est toujours sale, dit-on, et presque douce à la basse mer: elle n'y est bonne pour le baigneur que lorsque la mer monte; encore faut-il attendre une ou deux heures de flot pour s'y plonger. Et les Bains d'Hyères, avec la petite rivière qui y rend l'eau bourbeuse, et leur fond de vase, et les vents du nord et nord-ouest qui y viennent de la terre, et la situation de ces bains à trois milles de distance de la ville ?

— On a cet avantage à Biarritz, que l'on peut aller sauter dans son bain en sortant du logis ; ce qui est très-agréable.

— Combien de temps cela durera-t-il ? Question immense pour messieurs les géologues !

— J'espère bien que cela durera aussi longtemps que mon séjour à Biarritz.

— La mer diminue et les continents augmentent ; tous les géologues vous diront cela. Le sable maritime qui couvre les Landes, celui que l'on rencontre par bancs immenses, mêlé avec des cailloux roulés de toutes les grosseurs ; les bancs de pierres coquillières qu'on trouve dans l'intérieur, ceux de falun et de marne que l'on découvre à toutes les profondeurs, plus ou moins abondants en fossiles de tout genre, étaient, aux yeux de Thore, la démonstration la plus rigoureuse que l'on puisse donner de ce fait, que la mer a jadis couvert notre continent, et qu'elle s'est retirée en abandonnant à l'homme le sol qu'elle couvrait.

— Je m'en console, puisqu'elle n'y est plus.

— S'il est vrai, d'après les observations de

Celsius, que les eaux de la mer baissent d'un mètre 33 centimètres par siècle, et que le niveau des côtes s'élève au même degré par l'amoncellement des sables qu'elle ne cesse d'entasser devant elle, il n'a pas fallu moins de huit mille ans à l'Océan pour s'éloigner des landes aquitaniques et se trouver au point où il est aujourd'hui. C'est lui-même qui dit chaque jour à la terre, à chaque marée : Je recule devant vous, belle dame, en vous jetant des poignées de sable ; et je ne veux pas aller plus loin.

— Conversation pittoresque.

— D'après le même calcul, et en l'an 14000 de l'ère chrétienne, le golfe cantabrique ou de Gascogne sera un vaste archipel ; à cette même époque, il n'existera plus de bras de mer entre la France et l'Angleterre, qui fera dès-lors partie du continent européen. Prenons date, quoique l'Itinéraire ait grand peur de n'être pas réimprimé dans ce bel avenir : dans vingt-quatre mille ans d'ici, la côte landaise sera formée par la grande chaîne sous-marine dont Thore ne cessait de parler ; les Bains de Biarritz seront placés beaucoup plus loin qu'ils ne sont aujourd'hui.

— Mes compliments aux baigneurs de ce temps-là. Et si, dans ce petit intervalle chronologique de 24,000 ans, la mer de Biarritz se congélait? Si le futur golfe de Gascogne était alors couvert de montagnes de glace sur lesquelles l'ours brun des Pyrénées aura pour successeurs les grands ours blancs? Un auteur d'Itinéraire doit tout prévoir.

— L'eau de la mer, prise en masse, se congèle très-difficilement. Il faut pour cela un abaissement de température de plus de 25 degrés au-dessous de zéro. Quelques physiciens pensent même à ce sujet, que les énormes masses de glace que l'on trouve à la surface des mers dans les latitudes les plus froides du nord, sont l'effet de la condensation et congélation de la vapeur d'eau répandue dans l'atmosphère, qui se durcit et s'accumule ainsi par couches successives de glace. Prenez cette glace, faites la fondre dans un verre; et vous aurez de l'eau à peu près douce, comme celle qu'on obtient au moyen de la distillation.

— L'eau de mer est donc chaude naturellement?

— Sa température a déjà été marquée dans un précédent chapitre, d'après les observations nombreuses de M. Le Cœur de Caen. C'est un honneur que nous avons cru devoir rendre au Grand-Serpent, *Heren-sugue*, la première puissance de la terre. Cette température de l'eau est toujours plus élevée par une mer calme que par une mer agitée, parce que les vents violents qui agitent la mer sont une cause de réfrigération sur les vagues soulevées quelquefois à une hauteur très-considérable, plus considérable à Biarritz et dans le golfe de Gascogne, que dans tout le reste du littoral de l'Océan de France.

Par un temps calme, il y a corrélation entre la température de l'atmosphère prise à l'ombre, et celle de l'eau de la mer sur une plage inclinée, où l'eau a une profondeur de un mètre 20 à un mètre 50 centimètres de profondeur.

— C'est bon à savoir.

— L'eau de la mer, en vertu de sa densité, a plus de capacité pour le calorique que l'eau douce; elle est plus lente à se refroidir.

— Je ne risquerai pas de m'enrhumer, en y prenant des bains frais et naturels.

— Ceci est un fait connu de tous les marins et mille fois expérimenté par notre ami, le naturaliste et botaniste M. Ulysse Darracq, quand il va à la recherche de ses algues marines, dont il a fait une collection riche et complète. A commencer par le vent de mer, tout le monde sait qu'il communique une sorte d'humidité saline aux corps qu'il frappe; le refroidissement qu'il donne, quelque vif et saisissant qu'il soit, n'enrhume pas comme le vent de terre. Par la même raison, les vêtements mouillés par l'eau de la mer n'enrhument pas, et l'on peut y tremper ses souliers et ses bas, puis marcher, courir sans inquiétude : on n'a point à craindre un rhume de cerveau.

— Fort bien : l'Itinéraire va nous prouver que l'homme est un animal amphibie (moins la tête), et qu'il est autant fait pour rester plongé dans l'eau de la mer, par intervalles, que pour se promener sur terre à pied sec En vertu de la navigation aérienne, il voudra aussi nous faire prendre des bains d'air.

— Feu le prince russe P* était convaincu de leur efficacité. Mais il ne sera pas nécessaire de recourir à la toilette primitive de ce Moscovite pour les prendre ; il se faisait poudrer à blanc et couvrir de feuilles sèches par un procédé particulier, pour se promener tous les matins dans sa chambre en ce bel état. Le bain d'air simple est très-utile sur le littoral de Biarritz : cet air puissamment oxigéné et chargé de principes excitants, fait toujours grand bien aux personnes. On le prendra tout habillé, en se promenant, pendant la durée des bains de mer, que les médecins fixent à un mois, quarante jours.

— Il n'est pas besoin d'ordonnance de médecin pour les bains d'air.

— Le médecin savait que vous les prendriez, veuille ou non, quand il vous recommandait d'aller à Biarritz; ils ont leur efficacité. Biarritz n'est pas comme les plages exposées au souffle pernicieux des vents directs de l'est. Le N. E, petite brise, n'y dure que jusqu'à neuf et dix heures du matin; il passe au N. et N. N. O. Ce dernier vent, qui est très-fréquent, est aussi le plus frais. Il coupe en deux la terre du Groenland, d'où il nous vient, sans toucher terre, en parcourant un espace de 647 lieues de mer. De sorte qu'en été, le N. N. O., après avoir franchi les montagnes de glace, sans avoir été réchauffé par le contact d'aucune terre, est plus frais et plus salin dans cette direction que partout ailleurs.

L'O. N. O. est le vent habituel qui règne sur la côte de Biarritz, et qui donne aux arbustes l'inclinaison déjà signalée par de Thore. Entre ces deux vents frais, N. N. O et O. N. O., à quelques degrés N., se trouvent la partie ouest du Groenland, la grande baie de Baffin, une partie des terres de l'Amérique du Nord, l'île de Terre-Neuve et le Canada.

En juin, l'O. N. O. apporte quelquefois à Biarritz de très-forts orages, mais qui ne durent pas plus de deux heures. Jolie brise en juillet.

Par toutes ces raisons, et parce que l'air de la mer, sujet à de fréquentes variations, est beaucoup plus frais que celui de la terre, il convient de se vêtir à Biarritz un peu plus chaudement qu'on ne le ferait ailleurs, à cause des variations de la température, quoique le vent froid de mer n'enrhume pas comme le vent de l'intérieur des terres.

Les bains chauds de mer peuvent être pris pendant toute l'année; les bains frais et naturels ne conviennent que pendant la saison chaude, — du mois de juin au mois d'octobre inclusivement. Juillet, août et septembre sont les mois les plus propices à l'emploi des bains. La température de la mer suit une période d'élévation à mesure que le soleil monte à l'horizon : l'intervalle où elle est généralement la plus élevée est entre midi et six heures du soir. Jamais l'eau de la mer n'est plus chaude qu'à ces heures ; et c'est le moment le plus favorable pour prendre le bain, quand la marée le permet. Les bains de nuit, toujours suivis de froid, ont quelque chose de solennel et de…

— Pittoresque.

— De mélancolique, de triste. Lorsque la lune n'éclaire pas le golfe, les ténèbres qui couvrent l'Océan donnent à l'âme ce sentiment de frayeur qu'inspire à l'homme l'idée de l'inconnu jointe à une idée d'immensité.

— La mer n'est-elle pas quelquefois phosphorescente?

— Les animaux marins et beaucoup de poissons sont plus ou moins phosphorescents; ils ont la propriété de dégager de la lumière dans l'obscurité. Ce phénomène n'a lieu que sous des latitudes très-élevées; c'est lui qui fait dire aux marins que la mer *braze*. La phosphorescence de la mer est un spectacle admirable à contempler pendant les chaudes et belles soirées de l'été; elle ne se produit que par un vent aride, sec, lorsqu'il souffle d'une aire, entre le nord et l'est. Si la mer est calme, vous diriez un grand lac d'argent en fusion, dont la surface oscille, ondule, se balance, avec des miroitements merveilleux; si les lames sont fortes, l'Océan est en flammes, les embarcations semblent traverser une mer incandescente; les baigneurs qui se jettent alors dans ce lac infernal, ressemblent à des damnés se débattant avec les démons dans le feu de la Géhenne.

— Mais l'on sort de l'onde embrasée, l'on revient de l'incendie sans avoir été brûlé.

— Quand la température est élevée, on en sort quelquefois avec une petite éruption miliaire, ou comme si l'on avait été piqué par les orties. Quelques savants attribuent la phosphorescence à des phénomènes météoriques ou électro-magnétiques. M. Le Cœur la fait dériver des parcelles atomistiques qui se dégagent du corps des poissons et des végétations sous-marines. Cette donnée semble la plus rationnelle à l'Itinéraire. Prenez, recueillez un verre d'eau phosphorescente, agitez-là dans l'obscurité ; il s'y développera des paillettes lumineuses, vous les verrez nager à la surface, elles s'y montreront pendant plusieurs nuits, et deviendront plus brillantes dès que l'eau subira un commencement de putréfaction. Rien ne prouve mieux quelle est la véritable cause de la phosphorence de l'eau de mer.

— Je ne veux point sortir de la mer avec la roséole, ni avec une tête phosphorescente et des membres lumineux.

— Ne vous baignez pas quand la mer *braze* (ce qui, du reste, n'a point lieu à Biarritz), baignez-vous costumé selon l'ordonnance ; l'eau, filtrée par cet habillement, en sera plus pure et n'apportera point à votre peau les atomes phosphorescents sortis du corps des poissons et des végétations sous-marines. En outre, faites attention à ceci, qu'avec les grandes roches et les montagnes sous-marines qui produisent les courants de l'eau dans la direction de leurs vallées, l'Océan de Biarritz n'a qu'un fond de sable très-dur, sans vase et sans aucune de ces végétations phosphorescentes que vous redoutez tant. Il en résulte, pour les bains de Biarritz, une pureté de l'eau de mer, qui fait le désespoir des pêcheurs aux filets et à laquelle on ne peut comparer celle d'aucun autre littoral de France.

Oui, Baigneur, les pêcheurs de Biarritz pêchent à la ligne, à de grandes profondeurs, tenant au bout de leur fil des poissons énormes. Demandez cela à Darmanton, logeur, pêcheur, et patron de chaloupe, l'un des premiers contre-maîtres de notre marine, dont le coup de sifflet a de la renommée chez les gens de mer, et qui, dans les exercices de Toulon, gagna sept minutes de vitesse sur le *Suffren*; Darmanton qui, pendant trente-quatre ans de navigation, a pêché toute espèce de poisson dans toutes les mers du globe, car il fut pêcheur à travers tout, le marin biarrot: c'est sa passion. Demandez-le encore à l'habile directeur de l'un des tirs au pistolet de l'Atalaye, M. Paran, maître de tir pendant la saison des bains, et pêcheur passionné pendant le reste de l'année. Voilà les personnes que l'Itinéraire a voulu consulter sur les poissons de Biarritz, Lacépède à la main; car il n'aime point à parler sans avoir ses autorités, ni sans but.

— Je ne vois pas trop quel peut être votre but en ceci.

— Celui de vous annoncer, pour la seconde partie, l'histoire naturelle des plus remarquables poissons du golfe, en commençant par la baleine : celui de vous prouver que l'eau de Biarritz est incomparable pour les Bains de Mer. Que disent les médecins, M. Le Cœur par exemple ? Le meilleur moyen de juger de la qualité hygiénique de la plage où l'on doit se baigner, est de manger du poisson pêché sur la côte même.

— Voilà un raisonnement qui va à toutes les intelligences, à portée de fourchette, et une expérience qui peut être faite par toutes les bouches : j'en userai.

— Si le poisson est bon, délicat, franc de goût, la plage est bonne ; on peut la choisir et s'y baigner : si, au contraire, il laisse à la bouche une saveur vaseuse, c'est que le littoral est vaseux lui-même, et la qualité de l'eau de la mer hygiéniquement détestable.

— Agréable façon d'inspecter l'Océan, et de visiter les bas-fonds de la mer sans sortir de table. Y a-t-il des vallées sous-marines dans le golfe de Gascogne ?

— Beaucoup ; et de leur direction dépendent les courants que l'on y trouve. Un beau matin, de Biarritz à la *Chambre-d'Amour*, l'on ne voyait que des pommes flottant sur l'eau, comme si l'on eût secoué dans la mer tous les pommiers du paradis terrestre ; l'Océan semblait avoir été changé en cidre. Ce miracle surprit tout le monde, dans un pays où aucun arbre fruitier ne résiste, à moins qu'on ne l'abrite contre les vents : il était dû au naufrage d'un certain nombre de barques espagnoles dont la cargaison était tombée dans l'eau à trois kilomètres de Bilbao.

— Vous me faites une histoire de pommes, quand je vous demande du poisson.

— Vous ne manquerez pas de poisson à Biarritz. Quant à l'épreuve hygiénique que vous avez dessein de faire, on vous y servira, non pas seulement le thon commun, le mérou brun, le bars commun ou louvine, l'ombrine-verrue, le Germon des Basques, le rouget; mais les poissons fins du goût le plus délicat : la sardine, le maquereau, l'éperlan commun, l'anchois, la sole, le turbot, la raie bouclée, le barbu, la dorade, le targeur, la grande lamproie, le céphale, le rason ou rasoir de la Méditerranée, — la truite de mer, la lyre, etc.

— J'aime beaucoup le poisson et j'aurai confiance en l'Itinéraire. Allons au bain.

— Remplissez d'eau de mer un verre de cristal. Cette eau marine est limpide comme l'eau douce ordinaire, sur la côte de Biarritz. Regardez plus loin, et de haut : dans les endroits où la mer a plus ou moins de profondeur, selon cette profondeur et l'aspect du ciel, ou les objets extérieurs qui se reflètent dans le miroir océanique, la mer paraîtra d'un bleu verdâtre, vert foncé, vert de bouteille, ou vert grisâtre. Vous savez qu'elle est bleue dans la Mediterranée et dans les hautes latitudes, surtout quand elle est calme, noire sur une partie des côtes de la Russie méridionale et aux attérages des Maldives, d'un rouge vermeil en Californie.

— La couleur n'est pas chose indifférente, puisque l'on peut y reconnaître la nature des bas-fonds et quelquefois la qualité de l'eau.

— Analysez l'eau de mer; elle présente partout, à peu de chose près, la même composition : de la soude, de la chaux, de la magnésie, de l'acide sulfurique et de l'acide chlorhydrique : de célèbres chimistes y ont découvert de la potasse et de l'acide carbonique. De cette composition résulte son efficacité comme eau minérale saline. Dans le nord de la Baltique, mille grammes d'eau de mer contiennent à peine en poids 16 grammes de matières salines ; sur les côtes de Biarritz cette proportion s'élève à 70 grammes.

— Que la mer doit être salée! Et pourquoi l'est-elle à ce point?

— Parce que Dieu ne voulut pas qu'elle se corrompît; il en fit presque une eau bénite, un immense réservoir d'eau lustrale, séculairement employée à la purification des continents.

— C'est donc pour cela que tant de Baigneuses y trempent leurs doigts et font le signe de la croix avant de sauter dans l'eau ?

— Amiña, la plus vieille des Fées euskariennes était un jour de fort mauvaise humeur; le patriarche son mari l'avait mise en colère ; il trouvait que son bouillon était horriblement poivré et salé. La Fée prit le pot-au-feu, le jeta et le brisa contre un énorme rocher qui se trouvait au beau milieu de l'Océan : c'est depuis lors que la mer est salée. Elle doit l'être beaucoup, puisque, selon le calcul de M. Schweister, elle contient 27 parties de sel sur 964, ou 27.05948 sur 964,74372.

— L'eau de mer doit avoir une odeur.

— Oui, pour les personnes qui ont bon odorat ; une odeur *sui generis*, très-fugace, ressemblant à celle du chlore extrêmement étendu. Cette odeur est plus forte après les tempêtes : alors l'Océan fait l'effet d'un bouillon gras, onctueux au toucher.

— C'est que la Fée Amiña vient de faire bouillir son pot.

— Baigneuse, vous avez le génie de la mythologie euskarienne, un rare bon sens et beaucoup d'esprit : votre observation remonte au siècle des patriarches. L'excellence des bains de Biarritz est fondée sur ce fait : que, dans les pays où la chaleur est forte et où les vents sont goulus, comme dans le golfe de Gascogne, la volatilisation de l'eau a lieu en plus grande quantité qu'ailleurs ; par conséquent les matières salines doivent s'y trouver en plus grande abondance.

— Je conçois cela.

— La masse d'eau étant moins considérable au bord de la mer, se sature plus facilement aux dépens du sol échauffé par la chaleur atmosphérique pendant l'intervalle des marées. Trempez votre doigt dans l'eau du rivage, autrement que pour faire le signe de la croix, le thermomètre étant à 20° centigrades ; votre doigt marquera 22 degrés ; il n'en marquera plus que 21, à huit mètres de distance du bord ; à vingt-cinq mètres au large, votre doigt et le thermomètre seront d'accord. Là est la corrélation de la température de l'eau de mer avec celle de l'atmosphère prise à l'ombre ; après quoi la variation de chaleur de l'eau n'est plus appréciable avec le thermomètre ordinaire.

— C'est égal, vous avez beau faire ou copier des calculs ; la fraîcheur de l'eau m'impressionne fortement.

— Le roulis et le battement des vagues, en fouettant votre corps, opéreront sur vous un massage naturel, qui diminuera la sensation de fraîcheur de l'eau. Le mouvement appelle la chaleur. L'eau de mer étant beaucoup plus dense que l'air, et plus pesante à Biarritz que l'eau distillée, dans la proportion (de 28 parties sur mille) des sels et ingrédients qu'elle contient, cette atmosphère liquide exerce sur notre corps une pression efficace ; elle vous fera éprouver à un plus haut degré, à température égale, la sensation du froid et celle de la chaleur.

N'entrez pas dans le bain tout de suite ; familiarisez-vous avec l'air ambiant et l'abaissement de la température, vous éviterez ainsi l'oppression épigastrique que produit le contact de l'eau. Le saisissement, la difficulté de respirer que vous éprouverez peut-être, n'est qu'un phénomène purement nerveux occasionné par le changement de température. Tous les médecins vous diront cela.

— Mais quel est le moment du jour qu'il faut choisir pour le bain?

— A la marée montante et tant que la mer bat son plein, l'Océan rejette sur la plage des débris de matières végétales et animales, il charrie une espèce de limon, une écume jaunâtre qui trouble l'eau et la salit ; moins, il est vrai, à Biarritz, que dans les autres bains du nord de la France.

— C'est que la Fée Amiña n'a point encore écumé son pot-au-feu.

Quand la mer commence à descendre, les matières qu'elle charriait avec elle tendent à retomber au large ; on les voit bientôt descendre et disparaître au loin : l'eau du rivage se trouve ainsi purifiée à une grande distance du bord ; phénomène sensible à la vue. Les médecins vous diront que ce moment est le plus propice pour le bain.

— C'est que la Fée Amiña a trempé sa soupe. Quant le bouillon est servi, il le faut boire, pour que la Fée ne se mette point en colère. Il faut l'avaler.

— Quelques gorgées seulement. Alors, mettez-vous du coton dans les oreilles et prenez votre parti en brave ; lancez-vous brusquement : cela vous épargnera le petit désagrément de goûter l'eau, comme on le dit en termes d'école de natation. Attention : une ! deux ! tro...

— Et mon costume de bain ? Vous n'y pensez pas !

— Ah ! c'est vrai ; nous allions l'oublier. Mais les médecins y avaient pensé pour nous. Prenez un costume de laine aussi fine qu'il vous plaira. Ce tissu sèche plus vite que le coton et le fil, il est mauvais conducteur du calorique, peu perméable à l'air, et n'est point froid à la peau, quoique imbibé d'eau saline ; il conserve la chaleur du corps et tempère la sensation de froid occasionnée par le contact de l'eau. Par exemple, à moins que le drap ne soit d'un tissu épais, ce qu'il faut éviter, on vous conseille de ne pas choisir la couleur blanche pour votre costume.

— Et pourquoi cela?

— Parce qu'il pourrait attirer les regards indiscrets des spectateurs de la scène, autrement que par sa blancheur : le mouillé lui donne une transparence que l'on pourrait appeler....

— Pittoresque.

— Jamais adjectif ne fut mieux placé.

— Et ma coiffure?

— L'Itinéraire étant écrit pour des voyageurs, des marcheurs, ne s'occupe point de leurs têtes. Avez-vous des cors aux pieds, ou ce que le docteur Le Cœur appelle des cornifications? L'eau saline les durcit, le bain de mer les rend plus douloureux. Renvoyé à monsieur le pédicure. Après cela, lecteur, s'il vous convient de ne pas nager, de prendre votre bain de pied ferme, il ne sera pas indispensable d'avoir ce que les gens de mer appellent le pied marin. Faites que les vagues ne viennent jamais qu'obliquement déferler sur vous ; ne les recevez jamais de front et en plein sur la poitrine ou sur le dos ; placez vos jambes dans la position d'un escrimeur qui se met en garde avec la main contre l'Océan ; vous ne serez point exposé à rompre, ou à tomber, malgré que la mer vous porte à chaque instant des bottes....

— Pittoresques, aux yeux des regardants qui me verront faire assaut avec l'Océan et lutter contre les vagues.

— Si la mer, houleuse, clapote en multipliant des lames courtes et rapides, ne vous fiez pas trop à elle ; si elle s'avance avec majesté, par longues lames qui déferleront harmonieusement, la vague fût-elle bien haute, bravez-la sans crainte ; votre bras la domptera. Choisissez pour votre bain le moment où la lame est d'une force modérée : votre corps en profitera par la loi d'absorption du liquide salin, qui, lui-même, vous administrera une douche perpétuelle ; vous aurez ainsi le double avantage d'une immersion bienfaisante et d'un massage oriental. Le battement des flots, leurs oscillations répétées, et les mouvements gymnastiques que vous serez forcé d'exécuter dans l'eau, même sans vous en apercevoir, achèveront de donner à votre bain de mer toute l'efficacité désirable.

— Vous me parlez comme à quelqu'un qui ne sait pas nager, et vous n'épargnez pas les conseils, Itinéraire.

— On a omis les plus vulgaires, qui sont peut-être les plus importants, comme de ne pas aller vêtu trop à la légère après la venue de la nuit. Les bains de mer sont toniques et excitants à un haut degré; n'abusez pas du grand appétit qu'ils donnent, avec l'aide de l'air de mer, dans le voisinage des montagnes. Évitez les veilles prolongées; lisez peu, même votre Itinéraire. Six heures de sommeil, au moins, et trois heures de digestion avant le bain de mer, sont deux prescriptions de l'hygiène universelle.

Après cela, prenez vos bains, si agréables et si salutaires pendant la canicule, sans autre précaution que d'éviter les coups de soleil, comme on dit : promenez-vous beaucoup sur terre et sur mer, livrez-vous au plaisir de la pêche, de la chasse; allez au bal jusqu'à minuit, au concert, quand il y en aura; oubliez le monde entier, les affaires, la diplomatie, la politique, le commerce; ne pensez qu'à votre personne; ne mangez pas trop, buvez tant qu'il vous plaira, pourvu que la boisson soit rafraîchissante : ceci est important : ne vous occupez que des tempêtes océaniques, oubliez l'orage des passions, de l'ambition, celui du cœur ; en un mot, pratiquez toutes les vertus, si cela vous est possible...

— Là est la difficulté.

— L'habitude des mêmes lieux et l'aspect éternel des mêmes choses, communique à l'homme un profond ennui : c'est le spleen des Anglais, qui les porte à courir le monde : si vous changez l'île en désert, en prison, le long isolement trouble la raison de l'homme, la solitude finit par le rendre fou. D'autres sont ennuyés, blasés (maladie horrible), pour avoir trop vécu en trop bonne et trop nombreuse compagnie : à ceux-là surtout, le changement de vie, d'air et de climat, les bains de mer sont utiles. Il en est d'autres qui marchent courbés toute l'année sous le fardeau des grandes affaires qui les écrasent; mais c'est un infernal supplice que celui de rouler jour et nuit ce rocher de Sisyphe, ou de l'avoir toujours sur les épaules. Il faut, dans ces grands labeurs de la vie, quelques jours de repos, quelques heures d'oubli, de distraction ; et fût-on un géant dans la lutte, il importe de toucher terre quelquefois pour ranimer ses forces, retrouver toute sa vigueur.

— Comme Antée. Venez à Biarritz : la terre des Basques, l'Océan!...

— Oui, venez à Biarritz, vous tous que le travail, les affaires et les soucis, qui en sont inséparables, rendent plus ou moins souffrants; vous que le séjour, le souffle dévorant des grandes villes, au milieu d'une civilisation féerique, énerve et rend faibles, languissants; vous dont l'organisme a été débilité par une vie molle, sédentaire, dans l'inaction et l'oisiveté : venez à Biarritz. Après quelques semaines de bains et de promenades....

— Pittoresques !

— Vous n'en sortirez que...

— Régénérés, transfigurés, à peu de frais. N'est-ce pas ce que vous vouliez nous dire, Itinéraire ?

— Il n'y a plus rien à dire en France, Baigneur, à moins qu'on n'y découvre quelques bains de Jouvence pour retremper la littérature : on a tout dit, tout écrit, et tant, et si mal, et si bien, que l'on n'a plus d'idées et que tous les styles sont usés. On a même perdu le secret de cette prose rythmique, harmonieuse, dont Fénélon, La Bruyère, et surtout Jean-Jacques furent les maîtres : nombre enchanteur, auquel ce dernier écrivain doit presque tout le charme et la magie de son style. L'art de tourner en plaisanterie les choses les plus simples, et celui d'abuser horriblement de l'adjectif, est un goût que les petits journaux ont rendu universel, populaire. Nous ne voulons point juger ici ce tour nouveau de la vieille gaieté française, ni cette manière d'avoir de l'esprit à propos de tout. On peut bien le dire : Rien sur rien n'est sérieux en France, littérairement.....

— Que les bains de mer.

— Bien répondu. L'Itinéraire vous pardonne de l'interrompre souvent, de lui voler ses adjectifs et de lui finir ses phrases. En récompense il vous dira...

— Quel est le meilleur endroit de Biarritz pour prendre son bain de mer, la *Côte du Moulin*, le *Port-Vieux* ou la *Côte des Basques*,

— On ne vous fera point l'éloge de la *Côte des Basques* ; mais il est permis de croire que nos Euskariens, marins habiles, doués d'une longue expérience acquise dans leur golfe orageux et dans les navigations lointaines, savaient mieux que personne, peut-être, connaître les bons endroits, et qu'ils ne firent pas leur choix sans réflexion. Le rôle d'un Itinéraire est de parler de ce qui est, sans trop s'occuper de ce qui devrait ou pourra être quelque jour. Les améliorations, les grands travaux que l'on propose ou que l'on suggère, ont leur beau côté sans doute ; le difficile est de mettre en œuvre les brillants projets que l'on forme : mieux vaut, pour un auteur, ne pas se lancer dans ce champ merveilleux de l'avenir et des probabilités...

— Pittoresques.

— Rien à Biarritz n'est pittoresque comme le Basque et la Basquaise prenant leur bain de mer. Gai, vif, bruyant, emporté même, dans ses jeux et au combat, quand il s'agit pour lui de goûter un plaisir ou de risquer sa vie avec gloire, de braver la mort, l'Euskarien devient froid, sérieux, dès qu'il est question d'hygiène et des soins à donner à la santé. Le bain de mer n'est guère pour lui une partie de plaisir; l'on ne remarque rien en lui de l'épanouissement gaulois, de la gaieté folle et de la désinvolture française. La mer est sa voisine, il fait chaque jour connaissance avec elle, dans un tout autre but que d'y prendre des bains de santé : l'aspect de l'Océan ne réveille en lui que des sentiments graves ou des souvenirs terribles.

Le Baigneur, s'il aime les beaux points de vue, pourra se placer sur les hautes falaises de la *Côte des Basques*, en laissant Biarritz derrière lui : il aura à sa droite le Phare, le cap Saint-Martin, et l'horizon sablonneux de la barre de Bayonne; à sa gauche, un paysage plus vaste et riant, les maisons blanches des villages labourdins ; devant lui Saint-Jean-de-Luz et le Socoa, dont le fort se baigne dans la mer, bâti sur un vaste rocher que les lames de l'Océan viennent battre avec une inconcevable furie.

On lui fera l'histoire de ces fenêtres de la maison du gouverneur, qu'il fallut condamner, parce que la mer les défonçait sans pitié, et celle de la plateforme de la tour, où l'homme le plus robuste ne saurait se tenir par le gros temps, au risque d'être culbuté, enlevé, par les larges fusées que la mer lance à cette hauteur, sur l'aile des vents les plus terribles. Du même point, le regard du Baigneur embrassera, à gauche, les cimes des Pyrénées, bleuâtres comme le ciel, dans ce lointain ; il suivra à droite la ligne de toute la côte espagnole, par Fontarabie, le Passage, Saint-Sébastien, Orio, Guetaria, Deva, Motrico, Mundaca, jusqu'à la pointe du cap Machicaco : noms cantabres.

La *Côte des Basques*, le *Port-Vieux* et la *Côte du Moulin* sont si rapprochés, que cette proximité ne permet pas de découvrir la moindre différence dans la qualité de l'eau de mer pour le bain. L'embouchure de l'Adour est loin, bien loin ; elle n'a point d'ailleurs ces fonds vaseux qui rendent l'eau trouble et que l'on remarque dans les rivières, à leur chute dans toute mer qui ne serait pas sablée, fougueuse, indomptable, comme l'Océan de Biarritz. Les grandes roches qui avancent vers l'ouest, la configuration sous-marine de cette partie du littoral et la direction des courants de mer préservent les bains de Biarritz de tout mélange avec l'eau de rivière.

Que si, par impossible, l'eau trouble était amenée quelquefois par les courants qui portent au S.O.; ce n'est guère la peine de dire à quel degré la *Côte du Moulin* est moins préservée de ce voisinage que le *Port-Vieux*, et celui-ci moins que la *Côte des Basques*. L'eau trouble, abondante dans les autres Bains de France, est chose rare à Biarritz; la mer n'y perd point, ou elle reprend bien vite sa limpidité. C'est même ce qui fait le désespoir des pêcheurs de Biarritz.

— Ils ne peuvent pêcher en eau trouble !

— La clarté de l'eau, jointe aux grosses mers, fait qu'ils ne prennent que les vrais poissons de roche, les poissons du large et de passage, qui sont les plus délicats. L'histoire de ces pêches sera amusante, même pour ceux qui ne voudront pas la faire ou la voir. Les poissons qui se tiennent dans les fonds vaseux sont inconnus à Biarritz, tandis que les poissons qui habitent les fonds de sable ou de roche y abondent. Vous devinez la raison pourquoi...

— Parce qu'il n'y a point de vase, mais beaucoup de sable et de roches sur la côte de Biarritz.

— Très-bien répondu. Et le pourquoi du pourquoi?

— Parce que, parce que.

— Admirable! La Fée Minette ne procédait jamais autrement. Il n'y a plus qu'à développer votre pensée.

— J'y compte bien : j'en ai le droit.

— Assurément. On vous dira d'abord, que le globe terrestre est semblable à un œuf. Le jaune de l'œuf représentera, allégoriquement, le *Heren-Sugue* des Euskariens, le feu central de la terre. Admettez que le blanc de l'œuf, que nous supposons dur, sous sa coquille, représente la croûte terrestre. Nous sommes à Biarritz, sur l'Atalaye ou sur un rocher.

— Sur la coquille de l'œuf-monde.

— De ce point, creusez la terre en ligne perpendiculaire et droite; à mesure que vous vous enfoncerez comme une taupe dans la croûte terrestre, vous sentirez une augmentation graduelle de chaleur qui a été calculée mathématiquement. A la distance, au plus, de quatorze lieues, nos métaux les plus durs entreraient en fusion comme de la cire ou du beurre : on est déjà dans la gueule du feu central ou Grand-Serpent. Mais l'Océan, tout vaste et profond qu'il nous paraît, n'est rien autre chose que la réunion de quelques gouttes d'eau répandues en forme de lac, à la surface d'une coquille d'œuf où Dieu leur creusa un petit réservoir...

— De quelques mille lieues de tour.

— Les marins sondent l'Océan, par brasses ; ils lui trouvent une profondeur de cinq cents, mille, deux mille, trois mille mètres, une lieue plus ou moins ; presque rien, rien, eu égard à l'épaisseur de la croûte terrestre; l'épaisseur d'un papier-pelure posé sur une coquille d'œuf. Vous ne serez donc pas étonné d'apprendre qu'à 20 milles au large de Biarritz on ne trouve pas plus de 120 à 130 mètres de fond. A quatre milles de distance, commence un banc de roches qui s'étend jusqu'à un mille de terre.

De là, jusqu'à l'endroit où vous entrerez dans l'eau, après avoir fait le signe de la croix si vous êtes bon chrétien, le golfe n'a plus qu'un fond de sable. Sans qu'il soit besoin d'expliquer l'influence d'une grande loi de statique et d'équilibre, et celle des vents et des courants sur un point donné ; il suffira de dire que nulle part au monde vous ne verrez la mer aussi grosse qu'à Biarritz. Les marins du pays ne pouvant la comparer à aucune autre, quand elle est grosse, disent : *La mer est aux nues !*

— Cela doit être beau à voir.

— Une chaîne de roches, partant du cap Saint-Martin, va rejoindre le banc qui est au large ; une autre chaîne partant de la *Côte des Basques*, se dirige sur le point qui fut appelé *Moulin-à-vent*, parce que la mer, au lieu de suivre la direction ordinaire des vagues, qui est O.N.O. et E.S.E., vient là quelquefois de plusieurs côtés à la fois : les vagues se rencontrent, se heurtent, s'amoncellent ; et comme aucune d'elles ne veut avoir le dessous, la mer s'élève à une hauteur extraordinaire. L'on n'a point oublié à Biarritz le sort d'une frégate anglaise mise à la poursuite des embarcations du pays, et qui, passant en terre du *Moulin-à-vent*, y fut engloutie par un seul coup de mer.

— Naufrage pittoresque...

— Électrique. Si l'œuf-monde a une grosseur respectable, l'homme n'est qu'un infiniment petit. Quand la mer est grosse, elle brise sur les bancs de roche qui sont à une lieue au large. A peine les vagues laissent-elles un étroit passage qui marque le chenal pour rentrer au port de Biarritz. Souvent, même au mois d'août, par un temps calme, les brisants traversent la baie de sable, s'avancent vers le rivage, couvrant en entier la *Grande-Roche* qui n'a pas moins de quinze mètres de hauteur, puis ils viennent frapper avec une indicible violence les falaises, par un beau soleil qui brille et semble sourire au tableau produit par le choc : avalanches d'écume, tourbillons de neige lancés vers le ciel à plus de cent pieds de hauteur, un nuage, que l'on voit aussitôt retomber sur la terre en pluie fine de diamants.

La grosse mer, regardée de la *Roche-Percée*, est un admirable spectacle. Combien de fois n'a-t-on pas vu les dames, les hommes même, tremblants, pâles de cette émotion que produisent les grandes scènes de la nature, et tout trempés par les embruns de la lame, dix fois courir à leur logement pour changer d'habits, et dix fois revenir en toute hâte sur l'Atalaye ! Des montagnes de vagues se brisant sur les rochers, roulent, se précipitent contre le bord de la falaise et vont s'engouffrer dans la caverne appelée en patois gascon le *Bouhoun de le léncou*, la langue ou la voix de la caverne, de l'abîme : l'Atalaye, rendu sonore comme l'airain, tremble sur ses bases de granit, et de ses flancs profonds sortent des voix que l'on ne peut comparer qu'au roulement des canons, aux bruits du tonnerre...

— Biarritz !

— *Miarritze !*

FIN DE LA PREMIÈRE PARTIE.

ALMANACH

Des Adresses. — Renseignements.

BAYONNE.

SERVICE DES VOITURES PUBLIQUES.

Anatol (Michel), rue d'Espagne, omnibus pour Biarritz, Cambo et Saint-Jean-de-Luz.

Ve Automendy, station de la Porte-d'Espagne, cabriolets et calèches à volonté.

Bellocq, station rue Lormand, calèches à volonté.

Béroqui (Jean), station du Château-Neuf, diligence de Saint-Jean-Pied-de-Port et de Hasparren.

Bidache (Charles) dit Blaise, hôtel des Pyrénées, calèches à volonté.

Bignon (Salvat), représenté par Menjou (Gustave), rue du Gouvernement, omnibus du chemin de fer pour Biarritz, Cambo.

Borda (Dominique), station de la Tour-du-Sault, omnibus de Saint-Pé.

Carrère (Jean) station Vainsot, calèches à volonté.

Caseire (Pierre), calèches à volonté.

Celhay (Manèche), station de la Porte-d'Espagne, diligence pour Cambo.

Darrigrand (Hipolyte), maître de poste, rue du Gouvernement, omnibus pour Biarritz et calèches.

Destage (Jean), station Vainsot, calèches à volonté.

Dubois (Jean), station Lormand, omnibus et calèches pour Biarritz.

Gérome (Michel), station de la Porte-d'Espagne, omnibus à volonté.

Harispe (Dominique), station de la Tour-du-Sault, calèches pour Biarritz, à volonté et écuries.

Hiriart (Jérôme), station de la Porte-d'Espagne, diligences pour Saint-Jean-de-Luz.

Hirigaray (Dominique), station de la Porte-d'Espagne, diligences pour Cambo.

Labarrine (Jean), omnibus pour Biarritz, station de la rue des Carmes.

Lagrange (Baptiste), station Lormand, omnibus et calèches pour Biarritz.

Larribe (Giraud), char-à-bancs pour Biarritz.

Lissalde (Pierre), station de la rue Vainsot, calèches et omnibus pour Biarritz

Lopez (Salvat), rue Lormand, calèches à volonté.

Lubat (Pierre), idem. idem.

Malgorry (Jean Baptiste), directeur des Messageries du Nord, de l'Espagne, rue du Gouvernement, et voiture pour Saint-Palais, Saint-Jean-Pied-de-Port, par Hasparren.

Marty (Antonio), rue du Gouvernement, diligences de Nueva-Union, pour l'Espagne.

Momus (Jean-Baptiste), omnibus pour Biarritz, station de la rue des Carmes.

Monhau (Charles), idem.

Pordelanne, successeur de Castex, rue d'Espagne, omnibus, calèches pour Biarritz, Cambo et Saint-Jean-de-Luz

Pozzo (Isaac-Noël), station Vainsot, calèches à volonté.

Tagliafico (Pierre), omnibus et calèches à volonté, station rue Vainsot.

Tassy, (Jean-Claude), diligences d'Oloron, par Bidache, rue du Gouvernement.

Travers (Pascal), rue du Gouvernement, Messageries pour l'Espagne.

ÉTABLISSEMENTS PUBLICS.

Hôtel du *Commerce* (Teinturier), rue du Gouvernement, 21.
— *d'Europe* (Bardy), Lormand, 5.
— *du Grand d'Espagne*, rue Lormand, 17.
— *du Panier Fleuri* (Manas), imp. Port-Neuf, 3.
— *de la Providence* (Borel), rue du Gouvernement, 14.
— *Saint-Étienne* (Détroyat), rue du Gouvernement, 4. et rue Lormand, 25.
— *Saint-Martin* (Hiriart), rue du Gouvernement, 28.
— *du Soleil d'Or* (Posso), rue Notre-Dame, 6 et rue de l'Évêché, 1.

FONDAS ESPAGNOLES.

Unzalu (la *Bilbaina*), rue du Gouvernement, 13 et 15.
Anavitarte, rue Pont-Mayou, 19.
V° Morel (Maria-Antonia), rue d'Espagne, 57.
Fenoll, Port-Neuf, 26.
Yrtiata, Salie, 26.

AUBERGISTES.

Béroqui, hôtel des *Basques*, Lisses, 4. — Fringuet, Pannecau, 58. — Hiriart (Arnaud), Marengo, 15. — Sein, Basques, 31. — Cudeville, Passemilon, 26. — Fringuet fils, Cordeliers, 33. — Hierbrecht (*Calvados*), rue des Faures, 5. — Langle, Lagréou, 20. — Laharrague, baraque de Darrieux. — Leconna, quai Cordeliers. — Maklein, rue d'Espagne, 5. Mauléon (*Hôtel du Port*), Port-de-Suzée, 2. — Miquelet, quai Cordeliers, 18. — Peyssé, quai des Cordeliers, 10. — Sallafranque, quai Galuperie, 10. — Suhas, place Notre-Dame, 5.

ABONNEMENTS DE LECTURE.

Andréossy, rue Pont-Mayou, 12.
Larroulet, Bernède, 2.
Mocochain, Prébendés, 9.

SERVICE MÉDICAL DE BAYONNE.

MÉDECINS.

Batbedat, quai Galuperie, 20.
Clérisse, Gouvernement, 1.
Darricau, Argenterie, 6.
Derrécagaix, Bourg-Neuf, 3.
Ducasse, ✻ Prébendés, 8.
Fayet, ✻ ✣ Gouvernement, 33.
Franchistéguy, Évêché, 6.
Forcioli, quai Galuperie, 24.
Harriague (Firmin), Bourg-Neuf, 7.
Harriague (Justin), rue d'Espagne.
Lafont, Pont-Mayou, 25,
Lauga, Maubec, 7.
Lasserre, Monnaie, 11.
Maupin, Basques, 10.
Novion, quai Galuperie, 18.
Pascal ✻ ✣, Faures, 45.
Perret, Bourg-Neuf, 10.
Samanos, Pont-Mayou, 33.
Queyras ✻, Espagne, 53.

OFFICIERS DE SANTÉ.

Cazabat, Espagne, 35.
Hoursolle, Tonneliers, 3.
Morel, Faures, 35.
Moulis, Poissonnerie, 1.
Verlinden, Salie, 41.

SAGES-FEMMES.

Esperon, femme Bergé, Rempart.
Dondats, femme Motard, Marengo, 34.
Lacoin, (Gracieuse), Lisses.
Lagneau, Bourg-Neuf, 37.
Lalanne, femme Cholet, Prébendés, 10.
Chipy, femme Cholet, Tour-du-Sault, 12.

Cazenave (Gracieuse), Vieille-Boucherie, 14.
Puyo, femme Hariague, Espagne.
Lastrade (Prospérine), Pannecau, 55.
Desbons (Thérèse), Espagne.
Duran, (Marie-Françoise), quai Galuperie, 14.
Lalanne, femme Monségur, Lagréou, 33.
Pérez, femme Paquier, Poissonnerie, 40.
Borely, Gosse.
Julien, Pont-Mayou, 26.

BIARRITZ.

SERVICE MÉDICAL DE BIARRITZ.

Affre, Inspecteur des Bains.
Adéma, Inspecteur adjoint.
Piussan, pharmacien.
Busquet, sage-femme.
Veuve Derrécagaix, idem.

SOCIÉTÉ DE SAUVETAGE.

Conseil d'Administration.

MM. Labat, Eugène, propriétaire, Président.
    Jaulerry, propriétaire, Trésorier.
    Silva, Honoré, pharmacien.
    Saubot, Achille, négociant.
    Ravisé, négociant.
    Parandiet, négociant

Médecins : Affre.
    Id.   Adéma.
Inspecteur du service : Silhouette, Jean-Louis.

LOGEMENTS EN GARNI.

Adéma, D.-M., Inspecteur adjoint des Bains de mer, *maison Lesperon*. Affre, D.-M., Inspecteur des bains, *maison Affre*. Aimable, *maison Aimable*.
    Balutet, logeur et baigneur, *maison du Casta*.
Bapcères Bonne, *maison Bapcères Bonne*. Bapcères,

fils, logeur et baigneur, *maison Bapcéres*, *fils*.
Baranquet, *maison Baranquet*. Baron, *maison Baron*. Barroilhet, *maison Barroilhet*. Baylion, *Auberge*. Baillère, André, *maison Baillère*. Ballière, Labarrine, *maison Couac*. Beigs, *maison Beigs*. Bergé, *maison Bergé*. Busquet, *maison Chapeau rouge*.

Cansaux, *maison l'Abondance*. Cany, Calixte, *maison Calixte*. Cassoulet, baigneur et logeur, *maison Broun*. Castex, Hôtel, Cercle, Café, *maison Castex*. Chezan, *maison Chezan*. Combe, *maison Combe*. Cottens Lemoyne, *maison Lemoine*. Croissant, *maison Forestier*. Cuzan, *maison Cuzan*. Major, Hôtel des Princes.

Dacosta, *maison Mouriscou*. Dalbarade Belotéguy, *maison Chinane*. Dantin, *maison Dantin*. Darmanton, logeur, pêcheur et patron de chaloupe, *maison La Haille*. Dastugues, boulanger, épicier, nouveautés, *maison Madeleine*. David-Sasso, *maison David*. Despouy, *maison Duprat*. Detchetto, *maison Gestas*. Dibildhos, *maison Dibildhos*. Dizac, Restaurant, logeur, *maison Dizac*. Doybambéhère, *maison Doybambéhère*. Ducros Polonis, *maison Polonis*. Dumon, veuve, Hôtel Dumon. Dumon, fils, *maison Rouquette*.

Ekart, *maison Gettes*. Espéron Chala, *maison Chala*. Etchenique, *maison Mendiboure*. Etcheverry, Simon, *maison Petyityine*. Etcheberry, marin, *maison Megnigne*. Evalle Jouan, *maison Jouan*.

Fourcade-Mailly, *maison Mally*. Fourmans Combes, *maison Fournan Combes*. Feillet, *maison Feillet*.

Gardères, Hôtel de France. Giron *maison Lamourette*. Gourguillon Lapandry, *Auberge Lapandry*. Guiné-Brunon, *maison Brunon*.

Ibarlucea-Philippe, *maison Philippe*. Jean-Louis, *maison Peyrolonbilh*. Jol, *maison Sarjan*.

Laborde, Hippolyte, *maison Marie Bonotte*. Lacadé

Chirolle, *baigneur-logeur, maison Chirolle*. Lacombe, Prosper, *maison Lacombe*. Lacoste, *maison Lacoste*. Lahouse, *maison Lahouse*. Lalanne, Restaurant. Lalanne Maroye, *maison Maroye*. Laplace Ferrou, *maison Ferrou*. Larrebat, *maison Larrebat*. Larréguy, *maison Larréguy*. Lassus, *maison Bertaline*. Lasserot, *maison Cocher*. Lastrade, *maison Lastrade*. Lavernis, *maison Lavernis*. Léon et Frois, *maison Potel*. Lissalde Cachaon, *maison Lissalde*.

Marigne, Louis, *maison Marigne*. Marsans, Baptistou, *maison Baptistou*. Momus, *maison Maré*, Monplaisir, Louis, *maison Monplaisir*. Moreau, *maison Moreau*. Moulis, *maison Moulis*. Moussempés Courasoun, *maison Carasoun*. Muidebled, *maison Muidebled*.

Parandiet, *maison Parandiet*. Piron, *maison Piron*. Poésio, *maison Poésio*. Poiniez, *maison Marguerite*. Porché, *maison Porché*. Poustis, Hôtel des Ambassadeurs. Pugibet, *maison Pugibet*. Russac, *maison Russac*. Sans, *maison Sans*. Sarrat-Halsouet, *maison Brigot*. Saubot, *maison Chateau*. Sarrat-Halsouet, *maison Catelon*. Schweychwer, *maison Chevalier*. Sediey, *maison Pugnon*. Sein, *maison Watré*. Silhouette, Louise, *maison Petignaout*. Silhouette, Jean-Louis, *maison Curid*. Singher, Adolphe, *maison Laurent*.

Tabournel Marinette, *maison Marinette*. Weill-Nathan, *maison Nathan*.

LISTE COMPLÉMENTAIRE.

Compagnet, *maison Compagnet*.
M.lle Fittes, *maison Mamou*.
Guyon, *maison Chottes-Pernaoutoun*.
Honorine Chabiague, *maison Chabiague*.
Massia, *maison Pascue*.
Monhau, *maison Monhau*.
Olivier, *maison Olivier*.

Cafés.

Café-Restaurant, — Dulhom.
Café-Restaurant, — Roux (*Port-Vieux*).
Café Chamsaur.
Café du Jeu de Paume, — Doyhambéhère.
Café Lalanne.
Café Laurent, jeune (*Côte du Moulin*).
Café, Confiseur, Pâtissier, — Laurent Singher.
Pâtisserie, — Grégoire.

Tirs au pistolet.

MM. Hébrard, Armurier.
Paran.

Marchands de costumes.

Conrié.
Moreau, tailleur.
Nathan.
Vivier.

Promenades a ane. — Loueurs.

Augustine, (la Commissionnaire de Biarritz).
Bapcères-Maron.
Dominique Doyhamboure.
Doyhenart-Tambourié.
Manchoula.
Marsan-Coulaou.
Marsan, à la Bergère.
Megnigne.
Mendiboure-Chandiou.
Petyityine.

Guides-baigneurs et baraques.

Côte du Moulin.

(Anciennement *Plage des Fous*.)

Barricarrère, bains chauds d'eau de mer, eau douce, douches, bains à domicile.
Marticot, *idem*.

BARAQUES.

26 baraques avec 8 cabinets chacune.
11 baraques, du n° 1 au n° 11, affectées aux hommes.
15 baraques, du n° 12 au n° 26, affectées aux dames.
N° 1 Bron et Hausséguy.
   2 Guiné et Fournau.
   3 Garay, père et fils, et Lissalde.
   4 Balutet, père et fils.
   5 Batiston, père et fils.
   6 François et Marticot.
   7 Argentin, père et fils.
   8 Veuve Diharassarry.
   9 Lassalle Gentil et Million
 10 Jean-Baptiste Gournau.
 11 Marsan Valentin et Gelos.
 12 Balutet Cadet, père et fils.
 13 Baptiston, père et fils.
 14 Veuve Domengé.
 15 Lissalde, père et fils.
 16 Fournau.
 17 Guiné
 18 Chabat.
 19 Argentin.
 20 Diharassarry.
 21 Larrodé, Baptiste.
 22 Bron et Haussiguy.
 23 Larodé et Justine.
 24 Argentin, fils.
 25 Marsan Valentin et Gelos.
 26 Million.

PORT-VIEUX.

20 baraques, chacune avec 8 cabinets.
  10 baraques, du n° 1 au n° 10 du côté droit, affectées aux dames.
  10 baraques, du n° 11 au n° 20 du côté gauche, affectées aux hommes.

Baraque n° 1. Jean Larrodé.
2. Million et Gracieuse.
3. Aux deux associés
4. Maria.
5. Simon et Berthile.
6. Catherine et Lacadé.
7. Moussempés et Marie.
8. Bapcères et Léontine.
9. Jean-Baptiste et Victoire.
10. Marianotte Peillot.
11. Pierre Fournau, dit Peillot.
12. Valentin.
13. Jean-Baptiste Balbarade.
14. Pierre Lacadé, dit Pierrot.
15. Simon.
16. Louis Gravé et Étienne.
17. Million et Cadet.
18. Albirant.
19. Jean Larrodé.
20. François et Valentin.

Bains de mer chauds, d'eau douce, et douches.
Établissement dirigé par M. le docteur Affre.

Côte des Basques.

2 Baraques.

1 Dornaldets et Sylvie.
2 Poith. Jean.
Bains de mer chauds, d'eau douce et douches.

Patrons de Chaloupes,

Pour les promenades en mer.

Darmanton, Alexis, second maître d'équipage, en retraite.
Fouquet, Baptiste, matelot.
Lahousse, Jean-Baptiste, matelot en retraite.
Simon-Etcheberry, matelot en retraite.

Pêcheurs.

Darmanton Alexandre.
Fouquet.
Lahousse Jean, pêcheur de langoustes.
Loustau Simon.
Millon.
Simon-Etcheberry, pêcheur de langoustes.
Travers Léon.

Noms des Barques.

La Bordelaise, yole (Lavernis).
La Confiance en Dieu, chaloupe, (Simon Loustau).
Le Hambourg, couralin (Fourquet).
Le Saint-Alexis, yole (Darmanton).
Le St-Jean-Baptiste, bateau (Huison-Etcheverry).
Le Saint-Michel, bateau (Lahoune Jean-Baptiste).
La Société, chaloupe de Millon et Silhouette (Jean-Louis).

STATISTIQUE.

ARRONDISSEMENTS

de

BAYONNE ET DE MAULÉON.

Anciens Pays

DE SOULE, BASSE-NAVARRE ET LABOURD.

ARRONDISSEMENT DE BAYONNE. — 85,316 hab.

(*Labourd et Basse-Navarre*).

CANTON (NORD-EST) DE BAYONNE.

5 Communes, — 22,817 hab.

BAYONNE, *Baiona* (N. E. et N. O.), 18,870 h.
Lahonce, *Lehunze*, 628 h. — à 8 kil. de Bayonne.
Mouguerre, *Muguerre*, 1,400 h., — à 8 kil. de *Id*.
St-Pierre-d'Irube, *Hiriburu*, 861 h., — à 2 kil. *Id*.
Urcuit (Eliçaberri), *Urkhuite, Elizaberri*, 1,058 h.,
 — à 1 m. de *Id*.

CANTON (NORD-OUEST) DE BAYONNE.

4 Communes, — 6,737 h.

BIARRITZ, *Miarritze* 2,048., — à 7 k. de Bayonne.
Anglet, *Anguelu*, 3,223 h., — à 4 k. de *Id*.
Arcangues, *Arangoiz*, 1055 h., — à 7 k. de *Id*.
Bassussarry, *Basusarri*, 411 h., — à 5 k. de *Id*.

Canton de Bidache.

8 Communes, 10,421 hab.

Bidache, *Bidachune*, 2,711 h. — à 3 myr., 2 kil. de Bayonne.
Arancou, *Arancu*, 366 h., — à 1 myr., de Bidache, 4 myr., 2 kil. de Bayonne.
Bardos, *Bardoitze*, 2,612 h., — à 6 kil. de Bid., — 2 myr. 5 kil de Bayonne.
Bergouey, *Bergouei*, 383 h., — à 1 myr., 2 kil. de Bid., — 4 myr. 4 kil. de Bayonne.
Came, *Akhamarre*, 1.709 h., — à 5 kil. de Bid., 3 myr., 7 kil. de Bayonne.
Guiche, *Guizone*, 1,565 h., — à 9 kil. de Bid., — à 2 myr., 5 kil. de Bayonne.
Sames, *Sames*, 882 h., — à 6 kil. de Bid., — à 3 myr. de Bayonne.
Viellenave, *Billenabe*, 193 h., — à 1 myr., 2 kil. de Bid., — à 4 myr., 4 kil. de Bayonne.

Canton d'Espelette.

7 Communes, — 8,950 hab.

Espelette, *Espeleta*, 1,694 h. — à 1 myr. 8 kil. de Bayonne.
Ainhoue, *Ainhoa*, 761 h. — à 6 kil. d'Esp. — à 2 myr., 4 kil. de Bayonne.
Cambo, *Khambo*, 1,467 h. — à 4 kil. d'Esp., — à 1 myr., 8 kil. de Bayonne.
Itsatsou, *Itsatsu*, 1,537 h., — à 4 kil. d'Esp., — à 2 myr., 2 kil. de Bayonne.
Sare, *Sara*, 2,336 h., — à 1 myr., 3 kil. d'Esp., — à 2 myr., 4 kil. de Bayonne.
Souraïde, *Zuraide*, 634 h., — à 2 kil. d'Esp., — à 1 myr., 8 kil. de Bayonne.

Canton de Hasparren.

7 Communes, — 9,742 hab.

Hasparren, *Ahazparne*, 5,166 h., — à 2 myr. 1 kil. de Bayonne.

Bonloc, *Lekhuine*, 330 h., — à 4 kil. de Hasp., — à 2 myr., 5 kil. de Bayonne.
Macaye, *Macaia*, 806 h. — à 8 kil. de Hasp., — à 2 myr., 5 kil. de Bayonne.
Méharin, *Méharine*, 601 h., — à 1 myr., 5 kil. de Hasp., — à 3 myr., 6 kil. de Bayonne.
Mendionde, *Mendiondo*, 1,537 h., — à 5 kil. de Hasp. — à 2 myr., 5 kil. de Bayonne.
Saint-Esteben, *Donestiri*, 712 h. — à 1 myr, de Hasp., — à 3 myr., 1 kil. de Bayonne.
Saint-Martin (Urcuray), *Dona-Marthiri, Urkhurai*, 590 h., — à 1 myr., 2 kil. de Hasp., — 3 myr., 3 kil. de Bayonne.

Canton de Labastide-Clairence.
5 Communes, — 7,764 hab.

Labastide-Clairence, *Bastida*, 1,836 h. — à 2 myr., 3 kil. de Bayonne.
Ayherre, *Aiherra*, 1,671 h. — à 5 kil. de Lab., — à 2 myr., 8 kil de Bayonne.
Briscous, *Bescoitze*, 1,820 h., — à 8 kil. de Lab, — à 1 myr., 5 kil. de Bayonne.
Isturits, *Izturitze*, 689 h. — à 9 kil. de Lab., — à 3 myr. de Bayonne.
Urt, *Ahurti*, 1,748 h. — à 1 kil. de Lab., — à 1 myr. 7 kil. de Bayonne.

Canton de Saint-Jean-de-Luz.
8 Communes, — 12,548 hab.

Saint-Jean-de-Luz, *Don-Yuane*, 2,847, h. — à 2 myr. 1 kil. de Bayonne.
Ascain, *Ascain*, 1,272 h. — à 6 kil. de St.-Jn-de-Luz., — à 2 myr., 7 kil de Bayonne.
Bidart, *Bidarte*, — 1,276 h., — à 9 kil. de St.-Jn.-de-Luz, — à 1 myr. 2 kil. de Bayonne.
Biriatou, *Biriatu*, — 451 h., — à 1 myr. de St-Jn-de-Luz, — à 3 myr., 1 kil. de Bayonne.
Ciboure, *Ziburu*, 1,946 h. — à 1 kil. de St-Jn-de-Luz, — à 2 myr., 1 kil. de Bayonne.

Guétary, *Guethari*, 605 h. — à 6 kil. de St-Jn-de-Luz, — à 1 myr., 5 kil. de Bayonne.
Hendaye, *Handaia*, 466 h., — à 1 myr., 1 kil. de St-Jn de-Luz, — à 5 myr., 2 kil. de Bayonne.
Urrugne (*Béhobie*), *Urruña*, 3,685 h., — à 5 kil. de St-Jn-de Luz, à 2 myr., 6 kil. de Bayonne.

Canton d'Ustaritz.

8 Communes, — 9,206 hab.

Ustaritz, *Ustaritze*, 2,259 h., — à 1 myr., 3 kil. de Bayonne.
Ahetze, *Ahetze*, 644, h., — à 1 myr., 2 kil., d'Ust., à 1 myr., 5 kil. de Bayonne.
Arbonne, *Arbona*, 700 h., — à 1 myr. d'Ust., à — 1 myr. de Bayonne.
Halsou, *Haltsu*, 326 h., —, à 5 kil. d'Ust., — à 1 myr., 1 kil. de Bayonne.
Jatsou, *Yatsu*, 412 h., — à 5 kil. d'Ust., — à 1 myr., 5 kil. de Bayonne.
Larressorre, *Larresoro*, — 736 h. à 4 kil. d'Ust., — à 1 myr., 5 kil. de Bayonne.
Saint-Pée (*Sur Nivelle*), *Sen-Pere*, 2,721 h., — à 1 myr. d'Ust.; — à 2 myr. de Bayonne.
Villefranque, *Billafranca* 1,408 h., — à 6 kil. d'Ust., — à 8 kil. de Bayonne.

ARRONDISSEMENT DE MAULÉON. — 73,749 hab.

(*Soule et Basse-Navarre*).

Canton de Mauléon.

19 Communes. — 13,425 h.

Mauléon-Licharre, *Maoule, Lestarre*, 1,600 h.
Ainharp, *Aïñharbe*, 390, h. — à 6 kil. de Mauléon.
Arrast-Larrebieu, *Arraztoi, Larrabile*, 292, h. — à 8 kil. de Mauléon.
Aussurucq, *Altzurucu*, 716 h. — à 9 kil. de Mauléon.
Barcus, *Barcoche*, 2,341 h. — à 1 myr. 3 k. de *Id*.

Berrogain-Laruns, *Berrogañe, Lakunze*, 185 h.,— à 4 k. de *Id*.
Charrite-de-Bas, *Sarricota-pia*, 407 h.,— à 7 k. de *Id*.
Chéraute, *Sorhuta*, 1,530 h. — à 1 k. de *Id*.
Espés-Undurein, *Ezpeize, Undureñe*, 600 h., — à 4 k. de *Id*.
Garindein, *Gaindañe*, 349 h., — à 2 k. de *Id*.
Gotein-Libarrenx, *Gotañe, Iribarne*, 443 h., — à 4 k. de *Id*.
Idaux-Mendi, *Idaouze, Mendi*, 449 h., — à 5 k. de *Id*.
L'Hôpital-St-Blaise, *Ospitalia*, 172 h. — à 1 m. de *Id*.
Menditte, *Mendicota*, 510 h, — à 7 k. de *Id*.
Moncayolle-Larrory-Mendibieu, *Mithikilia, Larrori, Mendibile*, 851 h., — à 7 k. de *Id*.
Musculdy, *Musculdi*, 570 h., — à 7 k. de *Id*.
Ordiarp, *Urdiñarbe*, 984 h., — à 6 k. de *Id*.
Roquiague, *Arrokiaga*, 320 h. — à 6 k. de *Id*.
Viodos-Abense-de-Bas, *Bildoze, Ounize-pia*, 718 h., — à 2 k. de *Id*.

Canton d'Iholdi.

14 Communes. — 9,170 hab.

Iholdi. *Iholdi*, 929 h., — à 1 myr., 6 kil. de Saint-Palais.
Arhansus, *Arhansuse*, 177 h., — à 1 myr. 8 kil. d'Iholdi.
Armendarits, *Armendaritze*, 818 h. — à 3 k. de *Id*.
Bunus, *Bunuze*, 317 h. — à 1 m. 6 k. de *Id*.
Helette, *Heleta*, 1,290 h. — à 9 k., de *Id*.
Hosta, *Hozta*, 324 h. — à 2 m., 2 k. de *Id*.
Ibarrole, *Ibarla*, 515, h., — à 2 m. 1 k. de *Id*.
Irissarry, *Irisarri*, 1,522 h., — à 6 k., de *Id*.
Juxue, *Yutsia*, — 441 h., — à 1 m. 6 k. de *Id*.
Lantabat, *Landibarre*, 799 h., — à 8 k. de *Id*.
Larceveau-Arros-Cibits, *Larzabale, Cibitze*, 683 h., — à 1 m. 3 k. de *Id*.
Ostabat-Asme, *Oztibarre*, 588 h. — à 1 m. 3 k. de *Id*.

Saint-Just-Ibarre, *Dona-Justi, Ibarre*, 694 h., — à 1 m. 8 k. de *Id*.

Suhescun, *Suhescune*, 463 h., — à 8 k. de *Id*.

Canton de Saint-Étienne-de-Baïgorry.

9 Communes, — 12,957 hab.

Saint-Étienne-de-Baïgorry, (Saint-Martin-d'Arrossa, Urhepel), *Baigorri*, 3,082 h., — à 4 myr. de Saint-Palais.

Aldudes, *Aldude*, 2,824 h. — à 1 m. 7 de Baigorry.

Anhaux, *Anhauze*, 622 h., — à 5 k. de *Id*.

Ascarat, *Azcarate*, 403 h., à 8 k. de *Id*.

Bidarray, *Bidarrai*, 1,255 h., — à 1 m., 3 k. de *Id*.

Fonderie (la), *Olha*, 1,327 h., — à 8 k. de *Id*.

Irouléguy, *Irulegui*, 461 h., — à 5 k. de *Id*.

Lasse, *Lasa*, 814 h., — à 8 k. de *Id*.

Ossès, *Orzaize*, 2,169 h. — à 1 m. de *Id*.

Canton de Saint-Jean-Pied-de-Port.

19 Communes, — 12,270 hab.

Saint-Jean-Pied-de-Port, *Don-Yane-Garazi*, 1,979 h., — à 3 myr. de Saint-Palais.

Ahaxe-Alciette-Bascassan, *Ahatsa, Alzieta, Bascazane*, 892 h. — à 6 k. de Saint-Jean-Pied-de-Port

Ancille, *Ainzilla*, 341 h., — à 5 k. de *Id*.

Ainhice-Mongelos, *Ainhize, Mungelose*, 474 h., — à 9 k. de *Id*.

Arnéguy, *Arnegui*, 935 h., — à 8 k. de *Id*.

Béhorléguy, *Behorlegui*, 234 h., — à 1 m. 2 k. de *Id*.

Bussunaritz-Sarrasquette, *Buzunaritze, Sarrasketa*, 528 h., — à 6 k. de *Id*.

Bustince-Iriberri, *Bustinze-Iriberri*, 263 h., — à 5 k. de *Id*.

Caro, *Zaro*, 265 h., — à 2 k. de *Id*.

Estérençuby, *Ezterenguibel, Ezterenzubi*, 888 h., — à 4 m. 8 k. de *Id*.

Gamarthe, *Gamarthe*, 262 h., — à 1 m. de *Id*.
Ispoure, *Izpura*, 580 h., — à 1 m. de *Id*.
Jaxu. *Jatsu*, 488 h., — à 6 k. de *Id*.
Lacarre, *Lakharra*, 278 h., — à 6 k. de *Id*.
Lecumberry. *Lekhumberri*. 650 h., — à 8 k. de *Id*.
Mendive, *Mendibe*, 641 h., — à 9 k. de *Id*.
Saint-Jean-le-Vieux, *Dona-Zaharre*, 1,210 h , — à 4 k. de *Id*.
Saint-Michel, *Eiheralarre*. 682 h. — à 3 k. de *Id* .
Uhart-Cize, *Uharte*. 700 h., — à 1 k. de *Id*.

Canton de Saint-Palais.

29 Communes, 15,691 hab.

Saint-Palais, *Donaphaleue*, 1,784 h., — à 2 myr., 4 k. de Mauléon.
Aicirits, *Aiziritze*. 281 h., — à 2 k. de Saint-Palais.
Amendeuix-Onex, *Amenduze*, *Onaso*, 412 h., — à 3 k. de *Id*.
Amorots-Succos, *Amorotze*, *Zokhozu*, 347 h., — à 1 m. de *Id*.
Arberats-Sillègue, *Arbaratze*. 320 h., — à 4 k. de *Id*.
Arbouet-Sussaute, *Arboti*, *Zozueta*, 522, h., — à 6 k. de *Id*.
Aroue, *Aruc*, 506 h., — à 1 m. 1 k. de *Id*.
Arraute-Charritte, *Arruta*, *Sarricota*, 713 h., — à 1 m. 2 k. de *Id*.
Beguios, *Beguioze*, 636 h., — à 6 k. de *Id*.
Béhasque-Lapiste, *Behascane*, *Laphizketa*, 356 h., — à 2 k. de *Id*.
Beyrie, *Mithiriña*, 911 h., — à 6 k. de *Id*.
Camou-Mixe-Suhast, *Gamu*, *Amicuze*, *Zuhazti*, 341 h., — à 5 k. de *Id*.
Domezain-Berraute, *Domencheñe*, *Berhueta*, 1060 h., — à 7 k. de *Id*.
Etcharry, *Etcharri*, 447 h., — à 1 m. de *Id*.
Gabat, *Gabadi*, 367 h., — à 6 k. de *Id*.
Garris, *Garruze*, 430 h., — à 4 k. de *Id*.

Gestas, *Yestase*, 200 h., — à 1 m. 5 k. de *Id*.
Ilharre, *Ilharre*, 404 h., — à 1 m de *Id*.
Ithorrots-Olhaibi, *Ithorrotze*, *Olhabi*, 264 h., — à 8 k. de *Id*.
Labetze-Biscay, *Labetze*, *Bizcai*, 460 h., — à 7 k de *Id*.
Larribar-Sorhapuru, *Larribarre*, *Sorhapuru*, 451 h., — à 5 k. de *Id*.
Lohitzun-Oyhercq, *Lohitzune*, *Oihergui*, 555 h., — à 1 m. de *Id*.
Luxe-Somberraute, *Lucuze*, *Antzumarta*, 459 h., — à 5 k. de *Id*.
Masparraute, *Marchuta*, 610 h., — à 1 m. de *Id*.
Orègue, *Orabarre*, 1.053 h., — à 1 m. 4 k. de *Id*.
Orsanco, *Ostanco*, 272 h., — à 5 k. de *Id*.
Osserain-Rivareyte, *Ozaraña*, 473, h., — à 1 m. de *Id*.
Pagolle, *Phagola*, 541 h., — à 1 m. 5 k. de *Id*.
Uhart-Mixe, *Uharte*, 406 h., — à 6 k. de *Id*.

CANTON DE TARDETS.

18 Communes, 10,667 hab.

TARDETS, *Atharratze*, 506 h., — à 12 k. de Mauléon.
Abense-de-Haut, *Oumize*, 364 h., — à 0 k. de Tard, — à 12 k. de Mauléon.
Alçay, Alçabéhéty, Sunharrette, *Altzai*, *Altzabeheti*, *Zunharreta*, 766 h., — à 5 k. de Tard., — à de Mauléon.
Alos-Sibas, *Aloze*, 316 h., — à 1 k. de Tard., — à 12 k. de Mauléon.
Camou-Cihigue, *Game*, *Cihiga*, 351 h., — à 5 k. de Tard., — à 10 k. de Mauléon.
Etchebar, *Etchabarre*, 296 h., — à 5 k. de Tard.. — à 15 k. de Mauléon.
Haux, *Hauze*, 353 h., — à 6 k. de Tard., — à 18 k. de Mauléon.
Lacarry, Arhan, Charrite-de-Haut, *Lakharri*,

14

Arhane, *Sarricota*, 653 h., — à 7 k de Tard., — à 19 k. de Mauléon.

Laguinge-Restoue, *Liguinaga*, *Astue*, 362 h., — à 4 k. de Tard., — à 16 k. de Mauléon.

Larrau, *Larrañe*, 1,170 h., — à 6 k. de Tard., — à 19 k. de Mauléon.

Lichans-Sunhar, *Lechanzu*, *Zunharre*, 303 h., — à 4 k. de Tard., — à 16 k. de Mauléon.

Licq-Athérey, *Ligui*, *Atherei*, 848 h., — à 7 k. de Tard., — à 19 k. de Mauléon.

Montori, *Montori*, 1,287 h., — à 5 k. de Tard., — à 17 k. de Mauléon.

Ossas-Suhare, *Ozaze*, *Zuhara*, 352 h., — à 5 k. de Tard., — à 17 k. de Mauléon.

Sainte-Engrace, *Santa-Gracia*, 1,337 h., — à 1 m. 7 k. de Tard., — à 1 m. 19 k. de Mauléon.

Sanguis-Saint-Étienne, *Zalquize*, *Don-Estebe*, 456 h., — à 5 k. de Tard., — à 7 k. de Mauléon.

Sorholus (Tardets), *Sorholuzia*, 614 h., à 12 k. de Mauléon.

Troisvilles, *Iruriria*, 351 h., — à 1 k. de Tard., — à 11 k. de Mauléon.

Relais de Poste.

Bayonne : M Darrigrand, maître de poste.
Bidache : M. Maignon, idem.
Bidart : M. Blondel, aîné, id.
Briscous : M. Casenave, id.
Hasparren : Mme. Sallaberry, veuve. id.
Mauléon : M. Habiague, id.
Saint-Jean-de-Luz : Mlle Jonca, id.
Saint-Palais : M. Etchart-Lohiol, id.
Urrugne : M. Petit.

Le prix des services exécutés par les maîtres de poste pour le compte des particuliers, est fixé ainsi qu'il suit :

Pour chaque cheval, 2 fr. par myriamètre, ou soit 20 c. par kilomètre. Pour chaque voiture, idem.

Pour les guides à payer à chaque postillon, 1 fr. par myriamètre, ou soit 10 c. par kilomètre.

L'usage est de payer les guides à raison de 2 fr. par myriamètre.

Divers services de voitures publiques et diligences parfaitement organisés, fonctionnent avec régularité et se croisent en tout sens sur toutes les grandes lignes de communication, et sur tous les centres de population, entre les chefs-lieux d'arrondissement et tous les chefs-lieux de canton, à toutes les frontières géographiques du pays basque français.

Un *Itinéraire* ne doit oublier, dans les indications qu'il donne, aucune classe de voyageurs.

On pourrait marquer ici les époques de la fête patronale de chaque ville et village, par le nom du saint ou de la sainte sous l'invocation de qui se trouve placée l'église du lieu ; mais toutes ces fêtes, appelées *locales* (par navarrisme), se ressemblent. L'observateur et le philosophe, qui veulent étudier les mœurs d'un pays, sa physionomie, comme souvenir de race et de vieille nationalité, aiment à voir ses habitants dans les circonstances où ils se réunissent en grand nombre.

La fête du dimanche ne présente au voyageur que les habitants d'une commune ; et il ne peut les visiter toutes. Dans les grandes parties de paume ou de balle, jeu auquel tous les spectateurs s'associent, d'abord par esprit d'émulation et de rivalité, et ensuite par des paris d'argent considérables, on ne voit que des hommes : une petite armée divisée en deux camps, où chacun fait des vœux pour sa tribu, sa province, son royaume ; car, souvent, les joueurs. Basques de France et Basques-Espagnols, s'adressent des défis : le programme qui annonce le combat et fait connaître les noms des acteurs est solennellement affiché. Les marchés publics, où toute la population, hommes et femmes, jeunes et vieux, se montrent plus naïvement, à découvert, offrent un champ non moins fécond d'observation au voyageur : c'est pour lui que nous mettons ici la liste de ces marchés dans les deux arrondissements basques.

Les Marchés.

Bayonne, les lundi et jeudi.
Bidache, le samedi.
Cambo, le samedi par quinzaine.
Espelette, le mercredi par quinzaine.
Hasparren, le mardi par quinzaine.
Labastide-Clairence, le mardi par quinzaine.
Saint-Jean-de-Luz, les mardi et vendredi.
Saint-Pée-sur-Nivelle, le vendredi par quinzaine.
Saint-Pierre-d'Irube, le lundi.
Sare, le lundi par quinzaine.
Urrugne, les mercredi par quinzaine.
Urt, le vendredi par quinzaine.

Mauléon, le mardi.
Barcus, le lundi par quinzaine.
Garris, le vendredi par quinzaine.
Hélette, le samedi par quinzaine.
Ostabat, le mercredi par quinzaine.
Saint-Jean-Pied-de-Port, le mercredi par quinz.
Saint-Palais, le vendredi par quinzaine.
Tardets, le lundi par quinzaine.

www.ingramcontent.com/pod-product-compliance
Lightning Source LLC
Chambersburg PA
CBHW070617160426
43194CB00009B/1293